vivre

seul

Catalogage avant publication de Bibliothèque et Archives
nationales du Québec et Bibliothèque et Archives Canada

Grenier, Sylvette, 1946-

Vivre seul

(Collection Comment)

1. Vivre seul.   2. Célibat.   3. Personnes seules
I. Titre.   II. Collection.

HQ800.G73 2008   306.81'5   CC2008-941728-3

DISTRIBUTION CANADA-FRANÇAIS
Prologue
1650, boulevard Lionel-Bertrand
Boisbriand
Québec
J7H 1N7
Téléphone : 1 800 363-2864
Télécopieur : 1 800 361-8088
www.prologue.ca

Révision : Camille Pelletier Antaya
Conception graphique et mise en pages : Manon Léveillé
Photo de couverture : Claude La Roche

© Sgräff, 2008
http://sgraff.com
ISBN : 978-2-923503-07-3

1 2 3 4 5 12 11 10 09 08

comment vivre seul

Sylvette Grenier

Sgräff

« *Vivre seul, c'est prendre plaisir à manger du céleri rémoulade dans son papier d'emballage.* »

JEAN GOUVÉ, DIT JEAN YANNE

Comment utiliser ce livre

La collection Comment a été conçue pour vous permettre d'aborder une question de vie fondamentale sous différents angles et de les explorer de façon ludique. Ses sources proviennent de diverses écoles et expériences.

Si vous avez ce livre entre les mains, c'est que cette question vous préoccupe : il a été écrit pour vous.

❋ Vous avez le droit de lire ce livre dans l'ordre qui vous plaira.

❋ Vous avez le droit de ne lire que les thèmes qui vous attirent *a priori*.

❋ Vous avez le droit d'écrire, de dessiner, de prendre des notes directement dans ce livre. *Ça me donne des idées* se trouve en fin de bouquin pour que vous puissiez déborder librement.

❋ Vous avez le droit d'utiliser un signet, une fleur séchée ou un sachet de sucre comme marque-page.

❋ Vous avez le droit de mouiller les pages d'une larme de rire ou de tristesse.

❋ Vous avez le droit de garder vos réponses et vos jeux pour vous ou de les partager.

❋ Vous avez le droit d'adapter les jeux à des situations différentes que celles proposées.

❋ Vous avez le droit de jouer seul ou avec d'autres.

En fait, vous avez tous les droits, puisque nous vous proposons de jouer. Et que vous acceptez de jouer.

En abordant ce livre et sa forme, vous venez de faire le meilleur choix qui soit pour apprendre et en retirer quelque chose : expérimenter.

C'est pourquoi nous vous recommandons – et c'est notre seul conseil – de tourner la page à l'intérieur des explorations, d'aller jusqu'au bout de chacune.

Alors, bons voyages !

Table des matières

Introduction

Vivre seul... Si j'en juge par ce que je vois autour de moi, une portion importante des adultes d'aujourd'hui est appelée à en faire l'expérience, soit temporairement, soit à plus long terme. Ce peut être le résultat d'un choix, le fait du hasard ou bien simplement parce que les liens que l'on crée ne sont pas éternels et qu'aucune institution ne peut les maintenir coûte que coûte.

De plus, j'ai remarqué, et vous aussi peut-être, que des hommes, des femmes vivent seuls, tout en vivant avec quelqu'un.

Certains ont choisi leur solitude, la vivent avec plaisir, et ne l'échangeraient pour rien au monde. Qui dit vivre seul ne dit pas vivre isolé. Vivre seul n'exclut pas la compagnie d'amis, d'amours, ni la vie familiale. C'est dorénavant une autre façon de vivre qui n'est plus marquée du sceau de l'échec. Les jeunes femmes ne coiffent plus le bonnet de Sainte Catherine si elles n'ont pas pris mari à vingt-cinq ans, et les jeunes hommes ne sont plus de «vieux garçons» s'ils arrivent à la trentaine sans conjointe.

D'autres sont seuls «en attendant». Ils se posent sur une tablette et mettent leur existence au point mort comme s'ils ne se donnaient pas le droit d'être heureux et de mordre dans la vie, tant que les conditions posées par «en attendant» ne sont pas remplies. Quel dommage!

D'autres encore sont seuls après une rupture, et ont du mal à se remettre du choc, se sentant dans le vide; même celui qui l'a initiée. Les uns s'empressent de combler le vide au plus vite, certains entrent dans la phase du «en attendant», tandis que d'autres en profitent pour faire du ménage dans leur vie, repenser leur avenir, se rementtre en question et ainsi se redécouvrir.

Vivre seul, c'est ne pas avoir à faire de compromis, sauf avec soi-même; c'est ne pas avoir à négocier ses rêves. C'est donc pouvoir accepter ou refuser en toute liberté ce qui se présente sur son chemin.

Vivre seul, c'est aussi, comme le dit mon ami Michel, assumer entièrement le poids des décisions que l'on prend ainsi que leurs conséquences, parce qu'il n'y a pas de filet de sécurité, pas de parachute, et les risques ne sont pas partagés; mais quelle ivresse lorsque l'on réussit!

Y a-t-il des formules gagnantes pour vivre seul et heureux? Y a-t-il un état d'esprit qui favorise l'épanouissement et l'enrichissement de soi dans la vie solitaire? Arrive-t-il que l'on développe un besoin de solitude même si, a priori, on se croyait éminemment grégaire? Ceux qui vivent seuls et heureux en sont persuadés.

Les jeux que je vous propose dans ce livre sont basés sur des thèmes variés, allant de la connaissance et de l'amour de soi, aux projets et aux petits changements, en passant par l'exploration de votre vie intérieure. Je vous souhaite de faire un beau voyage en partant à la découverte de toutes ces richesses qui sont en vous.

La solitude

*« Il n'y a pas deux temps pareils de solitude
car on n'est jamais seul de la même façon. »*

HENRI BOSCO

La différence entre les moments de solitude réside souvent dans les raisons que l'on a de vouloir être seul à un moment précis. Désire-t-on être seul, car tout va si vite autour de soi et que c'est la seule façon de ralentir? Le bourdonnement est-il si intense que l'on doive s'isoler pour penser?

A-t-on besoin d'être seul pour donner forme à un projet et laisser travailler sa créativité sans interférences? Ou bien est-on habité d'un chagrin qui rend difficile la présence des autres à tel point que même leur bienveillance est devenue envahissante?

Que dire des moments de solitude dont on ne veut pas? Que dire de ceux auxquels on aspire de toutes ses forces, car ils représentent une bouée de sauvetage dans un environnement déchaîné?

Bien sûr, on n'est pas toujours seul de la même façon; ça varie selon les émotions qui nous habitent. Être seul peut se conjuguer avec une grande variété d'émotions: heureux, irrité, malade, rêveur, créatif... et vous pouvez allonger la liste à volonté.

Inventer sa solitude

Inventer sa solitude, c'est faire en sorte que ces périodes, choisies ou fortuites, deviennent des moments de création et d'enrichissement. Pour inventer sa solitude, il peut être nécessaire d'explorer d'abord ce que le mot évoque dans son imaginaire.

Le jeu suivant fait appel à votre côté artistique, et pour lequel vous devrez rassembler un peu de matériel :

* quelques vieilles revues,

* une grande feuille cartonnée,

* un tube de colle,

* une paire de ciseaux.

$A)$ Installez-vous confortablement, visualisez des moments de solitude que vous aimez et imprégnez-vous de l'état d'esprit qui les accompagne.

* Maintenez cet état d'esprit tout en feuilletant les revues, puis découpez les images qui vous semblent en lien avec cet état.

* Parmi toutes les images que vous avez choisies, sélectionnez les dix qui sont les plus représentatives du type de solitude à laquelle vous aspirez.

* Collez ensuite ces images sur votre papier-carton de manière à ce que l'assemblage vous plaise.

$B)$ Parmi les images que vous avez choisies, il y en a certainement que vous trouvez plus belles que d'autres. Classez-les par ordre de préférence dans ce tableau.

C) Pour chacune des images, notez le lien que vous faites avec votre solitude. Inscrivez-les dans la dernière colonne.

#	IMAGE	LIEN
1)	. . .	. . .
2)	. . .	. . .
3)	. . .	. . .
4)	. . .	. . .
5)	. . .	. . .
6)	. . .	. . .
7)	. . .	. . .
8)	. . .	. . .
9)	. . .	. . .
10)	. . .	. . .

D) Si vous deviez expliquer votre tableau dans sa globalité à une personne que vous aimez bien, que lui diriez-vous?

. . .

E) Qu'avez-vous découvert sur vous-même à travers ce jeu?

...

Peut-être qu'en levant la tête pour regarder l'heure, vous avez été surpris par la durée de cette première partie du jeu. Lorsqu'on fait un voyage dans sa créativité, le temps objectif perd sa valeur, et on se retrouve suspendu dans un autre monde, dans une sorte d'état de grâce. Et c'est dans cet état de grâce que l'on peut inventer sa solitude.

Me voilà... seul !

« Risquer de ne plus être seul dans la cuisine
au petit déjeuner, alors que le goût même
du café au lait semble fait pour la solitude
fraîche et bleue du matin. »

Patrick Besson

La solitude offre des moments uniques de félicité où la vie est soudain en parfait équilibre. Chacun de nous affectionne particulièrement un moment, une activité qu'il ne partagerait avec personne : le petit déjeuner du dimanche avec des mots croisés, le journal ou un livre, ou bien le moment de relaxation chez soi au retour du travail ; ou encore un après-midi d'été à une terrasse de café, seul avec ses pensées.

Ces moments sont des rendez-vous pris avec soi-même et toute intrusion devient un fardeau. Il n'est d'ailleurs pas nécessaire de vivre seul pour connaître la richesse de ces instants que l'on prend pour soi ; mais lorsque l'on vit seul, ils sont beaucoup plus faciles à planifier.

Quelquefois, on ne se rend pas compte à quel point on les apprécie ; et c'est lorsqu'on en est privé, que l'on prend conscience de leur importance. Ce sont des moments où tout est possible, car ils permettent à ceux qui les vivent de faire du surf sur leurs pensées, de s'envoler vers leurs rêves, et de recréer leur univers.

Le café du matin

Souvent, nous tenons pour acquis certaines choses qui nous semblent sans importance. Et pourtant... en voici un exemple : la tasse de café, thé ou tisane du matin que l'on apprécie en solitaire. Ne vous manque-t-elle pas lorsque vous devez vous en priver ?

Avez-vous déjà songé à ce qui contribue à faire de ce moment un instant privilégié ?

A) Je vous propose de prendre cinq minutes pour explorer l'univers qui est contenu dans ce moment apparemment banal. Alors, allons-y, préparez votre chronomètre et votre dictionnaire.

Lorsque vous êtes prêt, décrivez avec un maximum de détails la tasse que vous utilisez, la boisson qu'elle contient, ainsi que votre anticipation de ce que vous allez ressentir ; qualifiez l'odeur, la température, la couleur, la texture, attardez-vous au moindre détail. Si les mots vous manquent, utilisez le dictionnaire, il contient les mots que vous cherchez. Trouvez les mots pour décrire le moment.

...

B) Comme vous l'avez constaté, il y a un univers de sensations dans votre tasse de café (thé, tisane). Vous ne regarderez plus jamais votre tasse de café de la même manière. Dans l'espace, prenez le temps de noter ce qui vous a surpris, étonné et ce que vous avez appris.

. . .

Les moments de la vie quotidienne sont pleins de menus détails riches en couleurs, odeurs, saveurs et en sensations de toutes sortes. En prendre conscience afin de les apprécier transforme un moment banal en un instant unique.

Vous pouvez jouer ainsi avec tout ce qui vous entoure. Le ciel par exemple, il n'est jamais tout à fait le même; alors, pourquoi ne pas lever la tête au sortir de chez vous pour l'observer et en apprécier les nuances et la splendeur?

Est-ce que je m'aime assez?

« Le meilleur moment de solitude serait
d'être seul comme si nous étions deux. »

HENRI DE RÉGNIER

Il n'est pas question ici d'égocentrisme, ni de conjuguer le verbe « s'aimer soi-même » à tous les temps; il s'agit plutôt d'un sain amour de soi qui est l'heureux complément du respect de soi.

S'aimer soi-même, c'est avoir la même empathie, la même compassion, la même écoute envers soi que l'on aurait pour un autre, quelqu'un que l'on aime. S'aimer soi-même, c'est prendre soin de soi, de sa santé, de l'environnement dans lequel on vit. C'est aussi se discipliner, avoir des objectifs exigeants, mais accessibles et se faire des promesses que l'on va tenir.

Pas toujours facile. Les exemples le prouvant abondent; on les retrouve dans des phrases du type: « Je n'ai pas eu le temps de manger ce midi, j'ai pris un café et une brioche en vitesse ». Permettriez-vous à un enfant d'en faire autant?

Ou bien: « J'ai reporté mon rendez-vous médical, j'avais trop de travail. » S'il s'agissait de l'un de vos parents, reporteriez-vous la visite médicale en question?

J'entends déjà la réponse: « Oui, mais, ce n'est pas pareil! ». Dites-moi, qu'est-ce qui n'est pas pareil?

L'invitation

L'invitation est plus qu'un jeu en quelques étapes ; c'est recevoir un invité de marque : vous-même. Ne lésinez pas et faites-vous plaisir ! Il est temps de penser à vous comme si vous étiez quelqu'un d'autre. Vous n'êtes pas tenu de tout faire en une seule fois jusqu'à l'étape D.

A) Établissez d'abord la liste de vos mets préférés. Si vous manquez d'inspiration, consultez des livres de cuisine, internet, vos amis, vos collègues de travail, votre mère, etc.

. . .

B) Ensuite, le menu. À l'aide de la liste que vous venez de dresser, composez votre menu.

. . .

C) Puis, les recettes. Si vos connaissances en cuisine ne dépassent pas les œufs brouillés, je vous suggère d'utiliser toutes les sources d'information à votre disposition pour trouver des recettes faciles à faire.

. . .

D) Surtout, pas de panique ! La cuisine, ce n'est pas aussi compliqué qu'on le croit ! Si vous en êtes à vos premiers pas, il suffit de respecter scrupuleusement la marche à suivre et d'éviter les substitutions. Assurez-vous d'avoir bien compris les quantités requises et faites les maths pour les ajuster aux portions que vous désirez préparer.

. . .

E) Enfin, les achats. Il est temps maintenant d'établir la liste des achats que vous devez faire pour préparer votre repas. N'oubliez pas le vin si vous en êtes amateur, les chandelles parce que c'est plus romantique − ne vous inquiétez pas, personne ne le saura à moins que vous ne vendiez la mèche vous-même − et peut-être quelques fleurs ?

. . .

F) Vous avez tout? Parfait, au travail maintenant; allez-y lentement, à votre rythme. Pendant la cuisson, préparez la table avec soin, puisque votre invité est la personne la plus importante au monde, celle sans qui vous n'êtes rien, qui mérite donc tous les égards. Prêt pour la dégustation? Savourez bien ce moment!

G) Dès le lendemain, faites un retour en pensée sur la journée
de la veille en notant ce qui vous a particulièrement touché, ce que vous avez aimé, ce que vous avez découvert à propos de vous-même. Puis décrivez les moments que vous avez appréciés le plus.

. . .

Ne sous-estimez pas ces moments que vous vous offrez, ces moments pendant lesquels vous vous gâtez. N'hésitez pas à répéter l'expérience. Vous verrez, on s'adapte facilement aux expériences agréables!

Les routines

« Les chaînes de l'habitude sont, en général, trop peu solides pour être senties, jusqu'à ce qu'elles deviennent trop fortes pour être brisées. »

Samuel Johnson

Les routines balisent nos journées. Certaines ont l'avantage de nous faciliter la vie. Par exemple, ranger nos affaires au fur et à mesure nous évite d'avoir à consacrer des heures pour retrouver dans un fouillis informe un livre, un vêtement ou le porte-document qu'on était sûr d'avoir posé à un endroit précis.

D'autres routines par contre peuvent devenir plus contraignantes : faire le marché le jeudi, le lavage le samedi, le ménage le vendredi, le cinéma le mardi. Tout va bien tant que l'organisation que l'on adopte facilite la vie et ne la contrôle pas.

Cependant, il arrive que les routines prennent le dessus et nous enchaînent. Le lavage, le jeudi, et le marché, le samedi ? C'est impossible, qu'est-ce qu'on va manger le vendredi ? Et ça y est, on est complètement encroûté, persuadé qu'il n'y a pas d'autres solutions.

Changer nos routines nous demanderait de nous organiser différemment et de nous adapter à autre chose. L'ampleur de la tâche, telle qu'on se l'imagine, en arrête plus d'un ; alors, nous choisissons souvent de demeurer dans notre carcan, en nous disant que tout va bien ainsi.

Et si on changeait ?

Il est intéressant de bouleverser nos routines parce que nous cessons alors d'être à moitié présent dans ce que nous faisons ; nous passons de l'état semi-zombie à l'état d'éveil. Pour ceux qui désirent se réveiller ou prendre conscience de leurs routines, je propose le jeu suivant qui se déroule en deux temps.

Ceux qui sont seulement intéressés à voir jusqu'à quel point la routine est présente dans leur vie peuvent s'arrêter à la fin de la première partie ; pour les autres, je suggère d'aller jusqu'au bout, en y mettant un peu d'humour, car vous allez sans doute avoir l'occasion de vous moquer de vous-même.

A) Je fais l'inventaire de mes routines. Cet exercice demande que vous cibliez tout autant les routines quotidiennes que les routines hebdomadaires, en incluant parmi ces dernières les routines propres aux de fins de semaine puisque ce sont des jours de congé.

Sélectionnez une dizaine de vos routines les plus courantes. Inscrivez l'activité routinière et le jour où elle a lieu en encerclant les jours appropriés. La routine peut être aussi une séquence. Ex. : lever-douche-déjeuner ou bien lever-déjeuner-douche.

INVENTAIRE DE MES ROUTINES

1) ...

2) ...

3) ...

4) ...

5) ...

6) ...

7) ...

8) ...

9) ...

10) ...

B) Prêt? On change !

1- Sur des bandes de papier, inscrivez chacune des routines que vous avez identifiées, pliez les bandes et mélangez-les.

2- Faites ensuite la même chose en écrivant cette fois-ci les jours de la semaine. Vous obtenez ainsi deux groupes.

$C)$ Tirez d'abord un bout de papier dans le groupe des routines. S'il s'agit d'une séquence journalière, changez-en l'ordre et à la prochaine occasion, appliquez la séquence modifiée. S'il s'agit d'une routine hebdomadaire, tirez ensuite un papier dans le groupe des journées et changez votre routine en conséquence. Ne faites qu'un changement à la fois. Vous serez surpris de constater à quel point certains gestes sont devenus tellement machinaux que cela requiert toute votre attention pour les accomplir différemment. Amusez-vous à faire des changements, surprenez-vous, innovez, puis notez ce que ces changements vous apportent et ce qu'ils vous ont fait découvrir à propos de vous-même.

. . .

Intéressant ce voyage dans le dédale vos routines ? Peut-être moins simple à faire que vous ne le croyiez ? Surtout, ne vous jugez pas sévèrement, mais ayez l'indulgence que vous auriez pour quelqu'un que vous aimez et que vous accompagnez dans une tâche qui requiert beaucoup d'attention. À l'inverse, ne soyez pas trop indulgent : vous êtes en train de faire un changement qui, même minime, vous demande une certaine discipline, alors, soyez persistant, même si vous le faites en douceur.

Changer la routine, c'est se donner l'opportunité de découvrir que l'on est capable de le faire et de s'y adapter. On peut réaliser à quel point l'ancienne routine était lourde et contraignante et combien le changement conduit à un état plus agréable. Mais, si le changement fastidieux, alors il faut vite revenir à la case départ. Bon changement !

Indulgence ou sévérité ?

« La solitude est utile. Il faut parfois ne parler qu'avec soi-même. On entend alors de dures vérités ou d'agréables mensonges, selon qu'on s'analyse ou qu'on s'imagine. »

HENRI DE RÉGNIER

Vous est-il déjà arrivé de faire une erreur insignifiante et de vous qualifier ensuite d'épithètes fort peu élogieuses quand elles ne sont pas à la limite de l'insulte ?

Vous arrive-t-il d'être parfois si permissif envers vous-même qu'après coup, vous vous sentez presque coupable et que votre discours intérieur peut se traduire par quelque chose comme : « Tu exagères ! », « Tu aurais pu... ».

Trop rigide ou trop complaisant avec soi-même sont deux extrêmes du même acabit. Dans certains cas, ces réactions font tellement partie de soi qu'on ne se rend même pas compte de leur extrémisme ; si on les adressait à quelqu'un d'autre, on se ferait rabrouer, et qualifier d'agressif ou de lèche-bottes.

C'est difficile d'être objectif avec soi-même. La modestie nous fait nier nos qualités ; l'orgueil nous fait occulter nos défauts ; et le besoin d'être apprécié nous pousse à présenter une image que l'on voudrait agréable et digne d'intérêt.

Mais où se trouve donc le juste équilibre ?

Les yeux de quelqu'un qui m'aime

L'exercice qui suit vous prendra une demi-heure, vous devriez donc vous installer dans un endroit calme, là où personne ne peut vous déranger. Débranchez votre téléphone et éteignez votre cellulaire. Il est important que vous accordiez toute votre attention à cette activité.

Lisez attentivement la marche à suivre, afin de ne pas devoir y revenir pendant l'exercice. Puis installez-vous confortablement dans un fauteuil ou dans un endroit qui permet une détente complète de votre corps, pour ensuite laisser votre esprit vagabonder tout à son aise.

A) Imaginez que vous êtes en train d'écrire votre biographie. Tout d'abord, imaginez l'endroit où se trouve votre bureau. Au bord de la mer ? Au sommet d'un building dans le centre-ville ? Il est important que ce bureau ait au moins une fenêtre. Imaginez le décor intérieur de cette pièce dans laquelle vous travaillez à rassembler vos souvenirs. Installez-vous confortablement dans ce décor imaginaire.

B) Puis vous arrivez à la partie de votre biographie où vous décrivez une personne qui vous aime (cela peut être une personne décédée, cela peut-être aussi un animal). Vous pensez à cette personne et, en regardant par la fenêtre, vous la voyez.

C) Par la pensée, vous lui parlez et lui demandez l'autorisation d'utiliser ses yeux pour quelques minutes. La personne qui vous aime accepte de bon cœur de vous rendre ce service.

D) Avec les yeux et la perception de la personne qui vous aime, vous vous tournez maintenant vers vous-même et décrivez ce qu'elle voit, ce qu'elle ressent à votre égard.

E) Lorsque vous avez terminé, vous remerciez la personne qui vous aime de vous avoir permis d'utiliser ses yeux et vous revenez à votre propre regard.

F) Faites une description de vous-même tel que la personne qui vous aime vous a vu.

. . .

G) Que découvrez-vous sur vous-même à travers cette description ?

. . .

Les gens qui vous aiment ne voient pas que vos qualités, ils voient aussi vos défauts, mais ils n'en font pas toute une histoire. L'exercice que vous venez de faire devrait vous permettre de vous voir avec plus de justesse.

La personne qui vous aime pose un regard affectueux sur votre personne. Ceci ne veut pas dire qu'elle ne vous voit pas tel que vous êtes, mais qu'elle vous voit de façon globale, ce qui évite de mettre l'accent sur des détails tout blancs ou tout noirs, laissant ainsi place aux nuances.

Cette personne vous aime, malgré la connaissance qu'elle a de vos qualités et de vos défauts. Ce qui veut dire qu'il doit y avoir de beaux côtés à vos défauts et des aspects moins glorieux à vos qualités ; l'important, c'est d'en percevoir les nuances.

L'ennui

« L'ennui fait le fond le la vie, c'est l'ennui qui a inventé les jeux, les distractions, les romans et l'amour. »

Miguel de Unamuno

L'ennui n'a rien à voir avec la solitude. Il n'y a qu'à regarder autour de soi. Au restaurant, par exemple, sans vouloir présumer des sentiments qui habitent certains de nos semblables, on voit parfois des couples assis l'un en face de l'autre, et qui ont l'air de trouver la vie longue. Ils ont presque le mot ennui écrit sur le front.

Lorsque j'ai parlé «ennui» aux personnes qui sont bien dans leur solitude, j'ai obtenu invariablement la même réaction, bien qu'exprimée différemment: «Es-tu folle? J'ai bien trop de choses à faire!» ou bien «Tu n'y penses pas, j'ai tellement de centres d'intérêt que j'ai du mal à choisir!»

— «Oui, mais (vous voyez, j'insiste!), il doit arriver que tu n'aies rien à faire?»

— «Eh bien, j'en profite pour penser, m'organiser, rêver.»

Je crois que l'on s'ennuie dès que l'on décide de rester dans un état quasi-végétatif, et de mettre toute notre attention sur cette mare qui n'est tout de même pas tout le paysage. Si l'on met l'emphase sur les choses positives autour de soi, l'ennui doit céder la place à l'intérêt, à la stimulation.

Balade pour un ennui

Sortez de votre coquille ! Prenez-vous gentiment par la main, emmenez-vous faire une promenade. Il doit bien y avoir un parc, un bord de l'eau, des rues à découvrir, un endroit qui n'est pas votre salon où aller musarder. Ce sera une balade en un, deux ou trois temps selon ce que vous avez envie d'explorer.

Prêt ? Eh bien, allons-y !

A) *1er TEMPS.* Prenez une grande inspiration et regardez autour de vous. Décrivez dans votre tête ce que vous voyez en vous attardant sur les couleurs, la lumière et, si vous êtes dans une rue, les visages des gens et leurs expressions, les voitures, les rides sur l'eau, le ciel, les animaux et tout ce qui vous entoure.

Décrivez l'environnement comme vous le décririez à quelqu'un qui a les yeux bandés ou pour expliquer ce qui l'entoure à un enfant. Faites-le à voix haute si cela vous tente.

Vous pouvez vous arrêter là pour aujourd'hui, ou passer tout de suite au deuxième temps.

B) *2e TEMPS.* Pendant cette promenade, portez attention à tous les bruits qui sollicitent vos oreilles et, si vous le pouvez, fermez les yeux pour mieux vous concentrer. Écoutez: les sons plus forts, les sons presque inaudibles qui demandent toute votre concentration pour les percevoir, les sons agréables, ceux que vous aimez moins, et ainsi de suite.

Décrivez tous ces sons comme vous le feriez pour quelqu'un qui ne peut pas entendre ou bien tout comme dans le premier temps à un enfant qui découvre la vie.

Vous pouvez vous arrêter là pour aujourd'hui ou passer tout de suite au troisième temps.

C) *3ᵉ TEMPS.* **Cette fois, vous allez être à l'affût des odeurs. Soyez attentifs aux changements qui se produisent pendant que vous vous déplacez. Respirez. Tout comme pour les deux premiers temps, décrivez ce que vous percevez.**

D) **Faites un compte-rendu de votre balade : qu'avez-vous vu, entendu, senti de différent si vous comparez avec les autres promenades que vous aviez faites jusque-là ? Comment cette façon de vous balader a-t-elle enrichi la perception que vous avez de votre environnement ?**

1ᵉʳ TEMPS : ...

2ᵉ TEMPS : ...

3ᵉ TEMPS : ...

Avez-vous remarqué comme il est facile de regarder sans rien voir, d'entendre sans écouter, d'être insensible à tout ce qui nous entoure, à un point tel qu'on passe parfois dans la vie comme si elle n'existait pas ?

Pourtant, il y a un réel plaisir à retrouver ses sens, à les solliciter, à leur demander de s'ouvrir complètement parce que même pour eux, juste un peu, ce n'est pas assez.

Ma présence

Avez-vous remarqué? Certaines personnes ont une telle qualité de présence qu'elles se distinguent nettement des autres dans un groupe, qu'on tourne nos regards vers elles, et qu'on a instinctivement de s'en approcher.

Souvent, rien dans leur attitude n'attire l'attention, elles sont simplement là. Mais il se dégage d'elles une force tranquille, une sérénité et une aura de sécurité vers lesquelles on est attiré instinctivement.

La différence réside dans leur capacité à être totalement là. Lorsqu'elles écoutent, elles sont concentrées sur ce que vous dites, et vous sentez que vous êtes vraiment écouté. Elles respirent la disponibilité et vous vous sentez totalement libre d'entrer ou de ne pas entrer en relation avec elles.

Il émane de ces personnes une sorte de tendresse enjouée, une légèreté donnant le sentiment qu'aucun obstacle n'est insurmontable.

Avez-vous cette qualité de présence face à vous-même? Êtes-vous prêt à vous accueillir et à être ce havre de paix? Êtes-vous prêt à être pour vous-même ce refuge qui vous permet de retrouver votre équilibre, votre force, votre tendresse, votre joie de vivre?

Vous avez le pouvoir d'être cette personne ressource pour vous-même. Pour le devenir, il est important de cesser le tourbillon des «Je devrais», des «J'aurais dû». Il est important d'être disponible sans jugement pour la personne la plus importante: vous-même.

L'harmonie

Il y a en chacun de nous des forces que nous oublions. Nous sommes parfois tellement occupés à courir après le futur, juger le passé, désirer que le présent change, tourner des millions d'idées dans notre tête que nous passons à côté des vraies ressources qui sont en nous.

Le jeu qui suit vise à aller chercher ces ressources, les plus importantes qui sont en vous, et à les rendre disponibles, les ressentir, les apprécier.

A) Rappelez-vous une situation où vous vous êtes senti fort, où vous étiez persuadé que, quoi qu'il arrive, vous seriez gagnant, que rien ne pourrait vous empêcher d'atteindre votre but. Que ressentiez-vous?

...

B) Rappelez-vous une situation où vous ressentiez de l'amour, de la tendresse, de l'affection. Ce peut être pour une personne, un animal, une chose, une situation. Comment vous sentiez-vous?

...

C) Rappelez-vous une situation où vous aviez de l'humour et où votre vision des choses était teintée de légèreté et d'optimisme. Décrivez ce que vous ressentiez.

. . .

D) Prenez chacun des états que vous avez décrits et laissez-les successivement vous habiter. Laissez-les habiter votre tête, votre cœur, votre plexus solaire. Laissez-les vous imprégner tout entier.

E) Ensuite, faites-les cohabiter en vous-même, ressentez-les simultanément, laissez-les vous amener au coeur même de ce moment où vous êtes fort, tendre et plein d'humour.

F) Laissez toute cette énergie circuler en vous, du sommet de votre tête à la pointe de vos orteils, et centrez-vous sur cette plénitude.

G) Décrivez les sensations physiques et mentales qui accompagnent cette circulation d'énergie.

. . .

Ce que vous venez de décrire, c'est votre état lorsque vous êtes en harmonie, c'est le moment où votre présence est vraie, sincère, et où vous êtes disponible, à vous-même et aux autres. C'est l'état qui vous permet de vous accueillir sans jugements ni exigences, une sorte d'état de grâce.

Il est toujours bon de retrouver cet état de grâce lorsqu'on s'aperçoit qu'on est prêt à se juger sévèrement, ou bien qu'on est en train de prêter une oreille distraite à une personne ou à une situation qui mérite plus qu'une présence apparente.

Il est bon d'être vrai, il est bon d'être là... totalement.

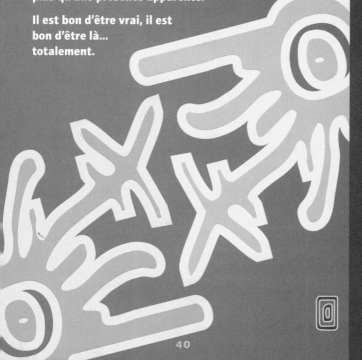

La haine

*Il y a des facettes de soi qu'on aimerait
bien occulter, celles qui nous donnent
l'impression d'être affublé d'un vêtement
trop petit, ou ridicule... On ne les aime pas.*

La haine est peut-être un mot un peu fort, quoique parfois, les qualificatifs dont on se traite lorsque l'une de ces parties de nous montre le bout de son nez, ne s'apparentent certainement pas à l'amour fou.

Nous cachons ces défauts avec soin, mais nos réactions et nos attitudes en sont imprégnées. On ne peut y échapper. Mais on conviendra que ce n'est pas très productif de perdre sont temps à se définir soi-même.

C'est tout comme lorsqu'on pose un geste maladroit : on voit surtout la tasse cassée qui vient d'aller à la poubelle, tandis qu'on pourrait aussi se réjouir d'aller en choisir une nouvelle. Pourtant, les deux facettes existent simultanément.

Admettons-le, on s'attarde quelquefois trop longtemps sur l'aspect négatif des choses, avant d'en apercevoir le positif. Parfois même, lorsqu'enfin on voit le positif, on ne fait pas toujours le lien qu'il y a entre les deux.

Avez-vous déjà essayé de voir l'envers de la médaille de ces affreux défauts, tics et mauvais plis qui vous dérangent trop souvent à votre goût ?

L'envers de la médaille

Voulez-vous un exemple ? Prenez une situation où une personne est têtue au point d'en être bornée ; il n'y a pas moyen de la faire démordre d'un point de vue ou d'une position qui frise le ridicule. De toute évidence, cette personne s'en va vers un échec.

Prenez cette même personne avec ce même état d'esprit, et imaginez-la, se penchant sur une tâche difficile qui demande concentration et persévérance ; cette personne a alors de sérieuses chances de réussir.

Pourtant, rien n'a changé ; tout dépend de quel côté de la médaille on se sert. Alors ? On essaie ?

A) Faites la liste de tous vos défauts (ou ce que vous estimez être des défauts), de vos travers et de tout ce que vous voudriez ne pas être, être moins, ou être juste un peu :

. . .

B) **Prenez chacun de ces défauts et décrivez l'envers de leur médaille ; vous verrez ainsi tous les effets positifs que ces défauts vous apportent lorsqu'ils montrent leurs qualités.**

. . .

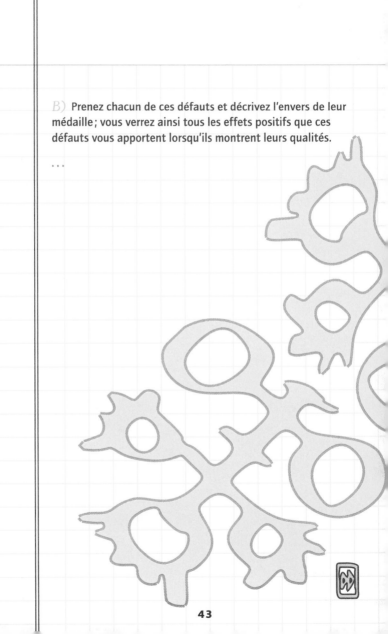

Dans le fond, nos défauts ne sont que la mauvaise utilisation de nos qualités, ou de l'application de nos qualités à un endroit où on ne devrait pas les activer. Nos défauts ne seraient-ils finalement qu'un affreux gaspillage de qualités extraordinaires, appliquées au mauvais endroit, et au mauvais moment?

Le désir de changement

« Ta pensée est limitée, pourtant tout ce que tu es capable d'imaginer peut exister. Il n'y a rien qui soit impossible. »

FUN-CHANG

C'est vrai que rien n'est impossible lorsque l'on parle de changement. Cependant, certaines conditions doivent être respectées pour en garantir le succès.

✳ Le changement visé ne s'applique qu'à soi-même. Il est inutile de vouloir déplacer les montagnes des autres, ils ne vous laisseront pas faire.

✳ On fait un changement pour soi, et non pour faire plaisir à..., pour démontrer que..., pour rivaliser avec...

✳ On a une bonne idée du produit fini. Si on ne sait pas vers quoi on veut déplacer sa montagne ni quel aspect on veut lui donner, ce sera n'importe quoi.

✳ On fait le changement par étape, une pelletée à la fois. Inutile de s'essouffler. Chaque pas vers notre but est une petite réussite qui permet d'évaluer le résultat et de le modifier au fur et à mesure, s'il ne nous plaît pas.

Le changement c'est : nos rêves que l'on transforme en réalité par l'action, nos espoirs que l'on pousse vers leur matérialisation, notre vie que l'on réinvente un geste à la fois.

Mais qu'est-ce que je veux?

Il est important de se poser cette question. Dans un monde où nous sommes bombardés par une foule de stimuli, nos sens se retrouvent dans un maelstrom d'influences dont il est difficile de s'éloigner: on ne veut rien manquer! Nul besoin d'utiliser son imagination, lorsque les choix offerts s'étendent à perte de vue. Mais où sommes-nous dans tout cela? Que diriez-vous d'aller faire un tour dans vos rêves?

A) Inscrivez cinq projets que vous aimeriez réaliser.

. . .

B) Choisissez celui que vous aimeriez réaliser en premier. Je suggère celui qui vous semble le plus simple.

. . .

C) Installez-vous confortablement et songez à ce que vous verrez, entendrez, ressentirez lorsque vous aurez atteint votre but. Faites-en un résumé.

. . .

D) Y a-t-il quelque chose qui pourrait vous empêcher d'atteindre votre but? Ex.: «Sa réalisation dépend de quelqu'un d'autre», «Il nuirait à quelqu'un d'autre».

. . .

E) Écrivez toutes les actions que vous poserez pour parvenir à votre but.

. . .

F) Classez vos actions par ordre de priorité.

. . .

G) Il ne vous reste plus qu'à passer à l'action!

Ne vous découragez pas si vous trouvez que la liste est longue : on déplace une montagne une pelletée à la fois.

Il se peut que vous réalisiez en cours de route que pour chaque étape, il y a des préparatifs à faire ; ces préparatifs sont aussi des actions. Dans ce cas, retournez à l'étape F afin de les classer, puis allez-y !

Chaque petit pas vous rapproche de votre but, et chaque petit pas ne vous prend qu'un instant, tout en n'exigeant de vous aucun effort violent. Vous n'avez pas de limites de temps pour réussir. Il vous suffit d'être patient et de ne pas exiger de vous-même plus que vous n'exigeriez de votre meilleur ami.

Une fois l'étape terminée, prenez le temps de savourer le plaisir de la réussite.

Les objectifs

« Celui qui n'a pas d'objectifs ne risque pas de les atteindre. »

Sun Tzu

Si on monte dans sa voiture sans savoir où on veut aller, on risque fort d'aller nulle part. Le risque, lorsqu'on n'a pas d'objectif, c'est que les objectifs d'autres personnes s'y substituent. Ex. : Si vous ne savez pas où aller avec votre voiture, vous allez probablement rencontrer quelqu'un qui a une destination, mais pas de moyen de transport. Vous irez alors vers un lieu qui ne sera pas votre objectif, et vous deviendrez le chauffeur de taxi de l'autre.

Nos objectifs sont les destinations que nous choisissons ; nous prenons le chemin qui nous convient et le temps qu'il nous faut pour y parvenir. Avoir ses propres objectifs, c'est une façon d'exercer sa liberté de choix et de définir sa propre vie.

Quelquefois, on ne sait pas par où commencer ; d'autres fois, on se fixe des objectifs qui, une fois atteints, ne nous apportent pas tous les bénéfices escomptés. On s'aperçoit alors que la route choisie ne menait pas à l'endroit idyllique dont on avait rêvé et on a moins envie de l'intégrer à sa vie.

Attention, il ne faut cependant pas se laisser aller à poser un regard désabusé sur notre environnement ou sur les autres. Nous sommes les artisans de notre vie, nous la façonnons, et si nous sommes déçus, c'est peut-être que l'objectif choisi n'était pas le bon.

Le manège de la vie

Mais comment savoir quel objectif est le bon, me direz-vous ?
Le jeu suivant va vous aider à faire le point sur votre vie
actuelle et vous donner des pistes de départ pour faire le tri
parmi vos objectifs.

A) Il vous suffit d'évaluer en pourcentage votre degré de
satisfaction actuelle dans huit facettes de votre vie. Ensuite,
vous noterez ce pourcentage sur le véhicule correspondant,
dans le manège ci-dessous :

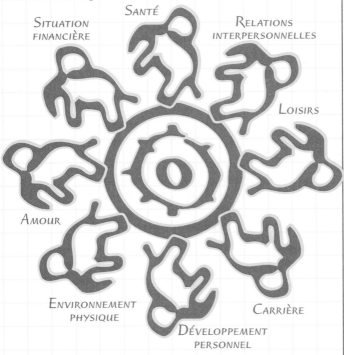

SANTÉ

SITUATION
FINANCIÈRE

RELATIONS
INTERPERSONNELLES

LOISIRS

AMOUR

ENVIRONNEMENT
PHYSIQUE

CARRIÈRE

DÉVELOPPEMENT
PERSONNEL

B) Vous comprenez que si un des véhicules est chargé à 90 %
quand un autre ne l'est qu'à 30 %, il y aura un déséquilibre.
Le manège ne tournera pas très rond. Si c'est le cas, il est
certainement temps d'établir des objectifs qui répondront à
votre besoin d'augmenter votre degré de satisfaction dans le
domaine trop bas, de façon à créer une certaine harmonie
entre tous les plans de votre vie.

Quel serait le premier geste à poser ?

. . .

Si, dans le passé, vous avez été déçu par des objectifs que vous veniez d'atteindre, peut-être que ceux-ci se situaient dans une zone déjà bien remplie et que la partie de vous qui aurait eu besoin de nouvelles gratifications n'a rien reçu ; de là, votre sentiment de non-réussite.

Ou peut-être que les objectifs que vous poursuivez sont toujours les mêmes ; pas étonnant alors que vous soyez blasé !

Je vous suggère de faire ce jeu une première fois pour évaluer les objectifs dont la réalisation apporterait de l'harmonie dans votre vie.

Puis, une fois que vous aurez fixé et atteint des objectifs, refaites-le ; vous pourrez ainsi percevoir le chemin parcouru.

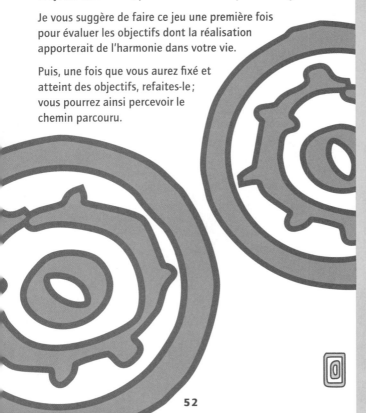

La réussite

La réussite s'appuie sur une ferme croyance
qu'elle est possible et à notre portée.

Je suis né pour un petit pain, pensent certains. Il y a gros à parier que ce sera ce qu'ils obtiendront de la vie, et ce ne sera pas parce qu'ils ne méritent pas davantage. C'est simplement que cette croyance fixe leur attention sur le petit pain, et ils ne voient pas le steak qui est juste à côté.

Voulez-vous des exemples? Prenez un jeune adulte qui rêve d'être un chercheur: s'il croit qu'il ne sera jamais capable de poursuivre les longues études qui mènent à son objectif, il est certain que ce rêve ne se réalisera pas!

Ou encore, une personne qui a très envie de voyager, mais qui croit qu'une terre inconnue sera forcément pleine de dangers. Cette conviction la retiendra chez elle à feuilleter *National Geographic* et à regarder des documentaires à la télévision.

Nous ne nous rendons pas bien compte de la vision en tunnel que nous donnent nos croyances lorsque nous établissons nos objectifs. Nous avons donc intérêt à prendre du recul, et à essayer de détecter à quel moment nous perdons la capacité de voir l'image globale. C'est l'éternelle histoire du petit bout de la lorgnette auquel on s'accroche pour expliquer le monde qui nous entoure.

Oui ! J'y crois !

Nos croyances font tellement partie de nous que nous ne sommes pas conscients de la façon dont elles limitent nos rêves. Le jeu suivant vous aide à identifier si un objectif qui vous tient à cœur peut être limité par une croyance dont vous n'avez pas conscience.

A) Dans un premier temps, pensez à un objectif important pour vous, imaginez tout ce que l'atteinte de cet objectif représente à vos yeux. Décrivez votre objectif.

. . .

B) Tout en pensant à cette réalisation qui vous tient à cœur, lisez à haute voix chacune des phrases suivantes et donnez à chacune une cote de 1 à 10. Entourez le chiffre correspondant à votre évaluation (1 = je ne crois pas du tout; 10 = je crois absolument)

* Je mérite de réussir et d'atteindre mon objectif

      1 2 3 4 5 6 7 8 9 10

* J'ai les aptitudes et les connaissances pour atteindre mon objectif

      1 2 3 4 5 6 7 8 9 10

* L'atteinte de mon objectif est tout à fait possible

      1 2 3 4 5 6 7 8 9 10

✳ Mon objectif est clair

1 2 3 4 5 6 7 8 9 10

✳ Mon objectif est désirable

1 2 3 4 5 6 7 8 9 10

✳ Mon objectif n'implique que moi, il ne me crée pas d'inconvénient, et ne présente pas d'inconvénient pour qui que ce soit d'autre.

1 2 3 4 5 6 7 8 9 10

✳ Mon objectif vaut la peine que je le poursuive

1 2 3 4 5 6 7 8 9 10

⟳ Les questions qui ont entraîné des réponses inférieures à 7 méritent d'être examinées de plus près. Votre objectif est-il vraiment clair? Qu'est-ce qui installe un doute dans votre esprit concernant cette question?

. . .

Peut-être qu'avant de vous lancer dans la réalisation de votre objectif, vous auriez avantage à vous fixer un objectif intermédiaire, lequel vous amènerait à élargir votre vision ou vos connaissances, ou à régler la difficulté qui y fait obstacle.

Par exemple, si vous doutez d'avoir les compétences nécessaires pour atteindre votre objectif, il serait bon d'explorer la validité de cette croyance. Quelles sont les compétences requises? Les possédez-vous? Si vous ne les possédez pas, votre objectif intermédiaire sera de les acquérir pour que la réponse à la question devienne satisfaisante et que vous soyez prêt pour la grande aventure.

C'est parce qu'ils auront un impact important sur nos vies que l'on se fixe des objectifs sur lesquels on fonde beaucoup d'espoir. Raison de plus pour ne pas se décevoir soi-même. Raison de plus pour examiner attentivement les limites que nous nous imposons, avant de se lancer dans l'action, et ainsi voir dans quelle mesure nous pourrions les élargir.

Moi, je voudrais

La réussite et les objectifs que nous poursuivons ont ceci en commun : ils sont plus facilement accessibles si on s'exerce et si on répète jusqu'à ce qu'on se sente prêt, et que tout soit au point.

L'atteinte d'un objectif, c'est comme monter une pièce de théâtre, connaître son texte ne suffit pas. Encore faut-il s'assurer de l'effet qu'il aura sur un auditoire. Peut-être faut-il l'épurer, le rendre plus accessible, ou bien le rendre plus explicite.

Et là encore, la qualité du texte ne garantit pas le succès de la pièce. Y a-t-il une tenue vestimentaire, un accessoire, un décor, une lumière particulière qui retiendront l'attention des spectateurs avant même qu'un seul mot ne soit prononcé ?

Y a-t-il des gestes, des attitudes spécifiques ou bien un ton de voix qui captiveront l'intérêt de l'auditoire ?

Le talent de l'acteur et sa connaissance du texte ne seront pas d'une grande utilité s'il n'a pas l'occasion de répéter, de tester ses effets, de s'harmoniser aux autres acteurs, de détecter les écueils et de faire les ajustements nécessaires, avant la générale.

L'atteinte de nos objectifs mérite que l'on s'attarde à faire la répétition mentale des étapes qui nous attendent. Ces répétitions nous permettent d'envisager les difficultés qui peuvent se présenter et la façon la plus simple de les contourner ou, le cas échéant, de les confronter.

La répétition générale

Le jeu suivant s'applique à toutes les situations qui impliquent l'atteinte d'un but, que ce soit une discussion que vous anticipez à propos d'un projet au travail, un conflit que vous devez régler, la préparation d'un voyage ou la rénovation de votre appartement. La liste des applications est infinie.

Il consiste à faire une répétition mentale de l'atteinte de votre but en six étapes.

A) Pensez à votre but et faites la liste des tâches à accomplir pour y arriver:

. . .

B) Détendez-vous, fermez les yeux et, tout comme le metteur en scène d'un film, représentez-vous les tâches que l'acteur principal aura à exécuter.

. . .

C) Imaginez ce film, avec le plus de détails possible : le décor, la lumière, le costume de l'acteur principal, les autres acteurs et leurs réactions, les sons qui accompagnent les images. Imaginez les mouvements de l'acteur principal, son équilibre, son aisance. La richesse des détails est importante, ajoutez tout ce qui peut rendre ce film parfait à vos yeux.

D) Une fois que le film vous satisfait, imaginez maintenant que vous êtes l'acteur principal et repassez le film devant vos yeux, mais c'est vous qui jouez le rôle. Que voyez-vous et qu'entendez-vous lorsque vous êtes l'acteur principal ? Quelle est la réaction des autres acteurs ?

. . .

E) Il se peut que le film vous satisfasse moins lorsque vous en êtes l'acteur principal. Repassez-le et ajustez ou changez ce qui ne « colle » pas.

Lorsque vous êtes complètement satisfait, rangez-le dans votre collection mentale de vidéos et souvenez-vous que vous pouvez le visionner chaque fois que vous en avez envie.

Faire une répétition mentale d'une situation anticipée nous permet de ne pas être pris au dépourvu et de faire plus facilement face aux imprévus qui peuvent survenir.

Avec ce jeu, nous mettons en place tous les ingrédients du succès de notre entreprise et nous nous donnons l'assurance et la sécurité personnelle qui accompagnent une performance longuement préparée.

L'organisation

S'organiser, c'est se mettre dans une disposition d'esprit qui permet de réaliser ce que nous sommes potentiellement capables de faire.

Seulement voilà, parfois on traîne les pieds, on remet à plus tard, on temporise, on se dit que demain, si on a le temps... En fait, on se raconte de belles histoires pour justifier notre inaction.

Il y a les grands projets que l'on évite de couper en petits morceaux pour les rendre moins indigestes, ce qui donne une bonne excuse pour ne pas commencer.

Il y a les petites choses simples qu'on néglige parce que l'on finit par se faire croire qu'elles n'ont pas d'importance ; on sait pourtant très bien que l'on va devoir s'en occuper tôt ou tard, bon gré, mal gré.

Chacun d'entre nous est capable de s'organiser pour accomplir sans grand effort des petites choses au quotidien. Le sentiment qui en résulte est plus réconfortant que celui qui résulte des mensonges qu'on se raconte pour justifier nos « plus tard ».

On ne temporise pas tout le temps. Il y a des jours où l'on se prend par la main et où l'on fait face à la musique et ce sont les jours où l'on se sent bien. Avez-vous remarqué ?

Par où commencer?

Il y a des choses qui sont peu compliquées en soi. Le seul hic c'est qu'elles sont à faire, que cela ne nous tente pas – enfin pas maintenant –, et qu'on trouve toujours une chose plus importante à faire avant. Des exemples? Payer les factures, mettre son courrier à jour, je suis sûre que vous en avez une liste, vous aussi.

Alors? Que remettez-vous régulièrement à plus tard? Qu'est-ce qui invariablement vous ennuie? Qu'est-ce que vous mettez de côté jusqu'à ce que vous n'ayez plus le choix?

Le jeu suivant consiste à changer votre séquence habituelle lorsque vous faites des tâches ennuyeuses, mais incontournables.

Vous aurez besoin d'une grande feuille de papier et d'un marqueur.

A) Sur une grande feuille de papier, notez toutes les étapes qui vous conduisent à la réalisation de la tâche que vous remettez à plus tard. Si l'on prend, comme exemple, de mettre le courrier à jour, ça donne:

Je prends un café — Je m'installe dans la cuisine — Je ramasse tout le courrier reçu — J'ouvre le courrier dont je n'ai pas pris connaissance — Etc.

Laissez un espace entre chaque étape.

B) Découpez chaque étape, retournez ou pliez les bandes de papier et mélangez-les.

C) Tirez au sort une première bande, retournez-la et placez-la en premier, puis une seconde que vous placez en-dessous et ainsi de suite jusqu'à épuisement de vos bandes. Notez-les dans cet ordre.

...

D) Vous obtenez ainsi une nouvelle séquence. La nouvelle séquence ainsi obtenue vous semble-t-elle praticable? Y a-t-il des étapes qui vous semblent inutiles et que vous aimeriez éliminer? Y a-t-il des étapes que vous aimeriez inverser? Notez cette nouvelle séquence, c'est celle-ci que vous allez essayer.

...

Ce jeu vous donne accès à une approche différente pour une même situation. Il vous offre d'autres options, change votre perspective et élargit les possibilités autour de cette tâche pour laquelle vous n'aviez, jusque-là, qu'une seule approche.

Et il est bon de se donner des alternatives, cela éveille notre créativité, rompt la monotonie et nous donne l'énergie du renouveau.

C'est mon rythme... et je vis avec

*« Le cricket [fut] inventé par les dieux
lorsqu'ils en eurent marre d'être perclus de
stress par le rythme endiablé du base-ball. »*

JEAN DION

Notre rythme affecte tout ce que l'on fait : avoir à se presser lorsqu'on aime prendre son temps ou aller au ralenti alors que l'on va dans la vie tambour battant, sont des situations inconfortables qui demandent un effort d'adaptation.

Je ne parle pas ici du capital énergétique qui fluctue durant la journée, mais du rythme avec lequel on aime faire les choses. Le rythme qui nous est propre et que l'on peut adapter, dans une certaine limite, pour être synchronisé avec les autres ou avec les exigences de ce que l'on entreprend.

Dans les situations interpersonnelles, l'inconfort peut tourner carrément à l'impatience ; par exemple, lorsqu'un interlocuteur vous donne une explication sans fin alors que vous aviez compris dès la première phrase.

À l'inverse, vous pouvez vous sentir submergé et stressé si vous devez doubler la cadence dans une activité à laquelle vous excellez, mais que d'ordinaire vous accomplissez plus lentement.

En fait, peu importe le rythme qui est le vôtre. Ce n'est pas parce que vous avez un rythme modéré que vous serez moins productif que des tornades ambulantes. Avez-vous déjà pris conscience du vôtre ?

La valse, le swing, ou entre les deux?

Lorsque l'on connaît son rythme, il est beaucoup plus simple de s'en faire un allié que de le subir. En avoir une bonne idée permet de faire des choix et des compromis plus judicieux.

Le diagramme ci-dessous comporte un axe vertical, celui des activités courantes.

Sur l'axe horizontal, les chiffres correspondent à la perception que vous avez de votre rythme idéal, celui où vous vous sentez bien (10 étant la course folle et 1 l'état de mollusque ou presque).

A) Coloriez les pastilles correspondant à chacune des activités pour laquelle vous évaluez votre rythme. Vous obtiendrez ainsi le diagramme de votre rythme.

	1	2	3	4	5	6	7	8	9	10
RÉVEIL	○	○	○	○	○	○	○	○	○	○
DÉJEUNER	○	○	○	○	○	○	○	○	○	○
DÎNER	○	○	○	○	○	○	○	○	○	○
SOUPER	○	○	○	○	○	○	○	○	○	○
PARLER	○	○	○	○	○	○	○	○	○	○
APPRENDRE	○	○	○	○	○	○	○	○	○	○
LIRE	○	○	○	○	○	○	○	○	○	○
MÉNAGE	○	○	○	○	○	○	○	○	○	○
ÉPICERIE	○	○	○	○	○	○	○	○	○	○
LOISIRS	○	○	○	○	○	○	○	○	○	○
SPORT	○	○	○	○	○	○	○	○	○	○
AU TRAVAIL	○	○	○	○	○	○	○	○	○	○

RÉVEIL (1 : vous prenez le temps de vous remettre de la sonnerie ; 10 vous mettez le pied à terre en arrêtant la sonnerie).

DÉJEUNER (1 : ça vous prend un temps infini pour choisir ce que vous allez manger ; 10 : vous avalez un café et vous verrez plus tard).

DÎNER (1 : vous n'avez pas trop de votre heure de dîner ; 10 : vous engouffrez un sandwich avant d'aller profiter de cette heure pour faire autre chose).

SOUPER (1 : vous l'étalez puisque rien ne vous presse ; 10 : vous l'expédiez en vitesse parce que vous n'avez pas que ça à faire).

PARLER (1 : vous parlez lentement ; 10 : vous parlez si vite que vos amis vous font régulièrement répéter, car ils n'ont pas eu le temps de tout comprendre).

APPRENDRE (1 : vous voulez absolument tout mémoriser et il y a un prix à payer pour cela ; 10 : vous allez très vite à l'essentiel).

LIRE (1 : vous lisez en revenant souvent sur les phrases ; 10 : vous n'aimez pas lire des ouvrages courts parce qu'ils sont trop vite terminés).

MÉNAGE (1 : c'est une journée d'activité en soi ; 10 : vous n'avez pas de temps à perdre avec ça et c'est le marathon).

ÉPICERIE (1 : Vous faites tranquillement chaque allée, même si vous savez que rien ne vous intéresse dans celle où vous vous engagez ; 10 : Vous avez votre liste ? Go !)

LOISIRS (1 : vous aimez les activités calmes ; 10 : quoi qu'il arrive, il faut que ça bouge).

SPORT (1 : Tai-chi ? Cricket ? ; 10 : Hockey ? Spining ?)

AU TRAVAIL (1 : une chose à la fois ; 10 : tout en même temps).

Le diagramme que vous venez de dessiner vous donne une image de votre rythme. Il peut être rapide, lent ou entre les deux; ce qui importe, c'est de l'assumer et d'en faire votre allié.

Vous pouvez utiliser votre diagramme pour évaluer une activité nouvelle en comparant le rythme requis pour pratiquer cette activité à votre propre rythme.

Vous pouvez, dans une certaine mesure, accélérer ou ralentir selon le besoin. Plus vous vous éloignez de votre moyenne en allant vers le haut, plus le stress se frotte les mains, car il reconnaît une de ses victimes potentielles. Plus vous vous éloignez vers le bas, plus l'ennui vous tend les bras...

Le facteur temps est cependant un facteur à considérer; aller à 100 à l'heure quand votre moyenne est 50, c'est de l'aérobie si cela ne dure pas, mais c'est aller à la catastrophe si cela s'éternise. De la même façon, aller à dix à l'heure quand sa moyenne est de soixante c'est de la relaxation à petite dose, mais gare à l'ennui si vous en abusez!

En terminant, au cas où vous poseriez un jugement sévère sur vous-même.

✳ Nous connaissons tous des gens rapides et efficaces mais nous connaissons aussi des gens rapides qui courent dans tous les sens et ne produisent qu'un minimum et pas toujours de bonne qualité.

✳ Nous avons tous des exemples de gens qui prennent le temps qu'il leur faut pour produire la presque perfection et d'autres qui prennent simplement leur temps... pour ne rien faire.

Les décisions et les problèmes

*Nous ne sommes pas toujours conscients de
la façon dont nous abordons les décisions à
prendre ou les problèmes
à résoudre.*

Le pilote automatique étant ce qu'il est, nous avons tendance
à répéter les mêmes façons de faire, sans nous demander si
elles sont appropriées, dans une situation particulière plutôt
que dans une autre.

Il en résulte parfois un excès de prudence qui pourrait nous
faire rater une occasion intéressante, ou un excès d'optimisme
qui nous fait négliger des petites bosses qui plus tard
deviendront des montagnes.

Nous pouvons orienter nos décisions en fonction des
retombées positives que nous envisageons. Dans ce cas-là,
nous devenons proactif et notre instinct d'entrepreneur prend
le dessus. Nous saisissons nos visions, et allons vers la
réalisation de nos rêves.

Nous pouvons par ailleurs orienter nos décisions dans le but
d'éviter les écueils. Nous serons alors prudents et éviterons les
erreurs possibles en tentant de les prévoir; nous planifierons
avec soin pour éviter les retombées négatives.

Nous pouvons aussi agir avec un mélange des deux options
précédentes, mais vous, où vous situez-vous?

Aller vers ou se garder de ?

Le jeu qui suit vous permet de voir de quelle façon en général vous abordez les problèmes ou prenez vos décisions.

A) Répondez librement aux questions posées. Lorsque cela s'applique, mettez les phrases au présent au lieu du conditionnel. Ex. : « Si vous deviez faire du sport » devient alors « Vous faites du sport ».

* Si vous deviez faire du sport, pourquoi en feriez-vous ?

. . .

* Selon vous, pourquoi est-il important de communiquer clairement dans les échanges interpersonnels ?

. . .

* Si vous étiez fumeur, pourquoi arrêteriez-vous de fumer ?

. . .

* Quel but recherchez-vous lorsque vous prenez des vacances ?

. . .

* Qu'est-ce qui vous pousse à bien performer au travail ?

. . .

＊ Pourquoi feriez-vous montre de diplomatie ?

. . .

＊ Quelles sont les raisons qui vous motiveraient à planifier
votre budget ?

. . .

＊ Quelles sont les raisons qui vous motiveraient à changer
d'emploi ?

. . .

＊ Pourquoi prendriez-vous un colocataire ?

. . .

＊ Pourquoi feriez-vous attention à votre alimentation ?

. . .

B) Analysez vos réponses. Reprenez chacune de vos réponses
et déterminez dans quelle direction allait votre attention :
Rechercher les conséquences positives ou bien Éviter les
conséquences négatives ? Mettez un R ou un E en regard de
chacune.

Le schéma que constitue votre évaluation vous donne une idée générale de la façon dont vous abordez les problèmes et les prises de décision. Il n'y a pas de bonne ou de mauvaise manière de le faire, l'important c'est de savoir laquelle on utilise avec succès.

Le sachant, il est plus facile de contrer les effets négatifs du modèle qui vous est habituel.

Si vous êtes enclin à vous orienter vers les retombées positives, vous êtes certainement quelqu'un de très entreprenant, innovateur, enthousiaste. Vous êtes aussi une personne qui cherche à atteindre les buts qu'elle se fixe et les rêves qu'elle entretient. Mais aller trop loin dans l'aspect proactif sous-entend que vous pouvez aussi prendre des risques inutiles, et des décisions qui n'ont pas été suffisamment mûries.

Si votre orientation vous pousse surtout à éviter les conséquences négatives, vous êtes quelqu'un de prudent qui analyse les retombées possibles de vos décisions et veut éviter les erreurs. Vous planifiez avec soin et vous savez vous protéger. Néanmoins, trop de prudence peut vous faire paraître pessimiste, et pourrait vous faire passer à côté d'expériences intéressantes.

Si votre orientation varie en fonction des circonstances et de l'importance des décisions ou des problèmes en cause, vous êtes probablement dans un juste milieu confortable. Continuez !

Avec ou sans pression ?

*Quelle chance que chacun soit différent de
l'autre ! Coureur automobile, prof de yoga,
médecin aux urgences, chercheur.*

Il y a ceux qui se laissent vivre jusqu'à ce qu'ils n'aient plus
une minute à perdre et soient talonnés par les tâches qu'ils ne
peuvent plus remettre, et qui les exécutent à toute vitesse. Il
y a ceux qui ont horreur d'être à la dernière minute, partent et
arrivent à point sans excès d'adrénaline et sans se bousculer.

Il y a ceux qui attendent d'être à la limite du retard pour sortir
du lit le matin, et commencent leur journée en flirtant avec les
risques. Il y a ceux qui se sentent malheureux à la seule
pensée de n'être pas à l'heure.

Ils se regardent les uns les autres en se demandant comment
l'autre fait pour être comme ça: les uns croulant en pensée
sous la pression du stress des autres, les autres imaginant
qu'un monde sans stress est d'un ennui infini.

Il y a évidemment toutes les variantes entre les deux. Dans la
mesure où chacun prend la responsabilité de ses choix, et que
seule la personne concernée en assume les conséquences,
tous les systèmes sont bons.

Le baromètre

Et si on jouait à mesurer votre degré de pression idéal en quelques questions?

A) Sur une échelle de 1 à 6, évaluez la pression que vous êtes prêt à assumer en encerclant le chiffre correspondant.

✳ Lorsque vous avez un travail à remettre (1 : vous commencez tout de suite afin d'arriver à point; 6 : vous attendez jusqu'à la dernière minute et travaillez la nuit s'il le faut pour respecter le délai).

1   2   3   4   5   6

✳ Lorsque vous avez un rendez-vous (1 : vous prévoyez aussi les imprévus dans le temps alloué au transport; 6 : vous partez un peu après la dernière minute).

1   2   3   4   5   6

✳ Au travail (1 : vous aimez faire une chose à la fois et terminer à temps; 6 : vous êtes partout à la fois et adorez travailler sous pression).

1   2   3   4   5   6

✳ Lorsque vous faites une activité physique (1 : vous n'aimez que les activités qui vous procurent de la détente; 6 : vous n'aimez que les activités où la compétition est féroce).

1   2   3   4   5   6

✳ Vos activités professionnelles (1 : vous avez choisi un travail qui vous laisse le temps de réfléchir; 6 : dans votre travail, vous êtes sollicité sans arrêt et n'avez aucune marge d'erreur).

1   2   3   4   5   6

✳ **À propos du risque** (1 : vous en prenez le moins possible ; 6 : la vie n'a aucun intérêt si le risque n'est pas présent dans toutes vos décisions).

1   2   3   4   5   6

✳ **Lorsque vous faites votre ménage** (1 : de façon régulière et sans hâte ; 6 : vous attendez de ne plus pouvoir ouvrir la porte et vous battez madame Blancheville au concours de vitesse pour la maison la plus propre).

1   2   3   4   5   6

B) **Reportez vos réponses sur le graphique ci-dessous en coloriant les résultats obtenus.**

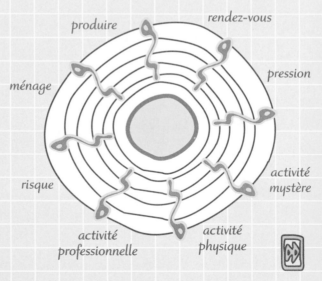

75

Ce graphique vous donne une moyenne de la pression que vous subissez en général. Il n'y a pas de bon ou de mauvais degré de pression tant que votre situation demeure confortable.

Si les résultats obtenus sont reliés à des expériences que vous aimez, ne changez rien. Vous pouvez néanmoins vous servir de ces résultats comme baromètre afin de vous guider lorsque vous aurez à prendre une décision impliquant des éléments de pression. Par exemple, si vos résultats oscillent entre 2 et 4 et que vous évaluez les conséquences d'une décision à 3, pas de problème. Si vous les évaluez à 1, gare à l'ennui et à 6, attention au stress.

Si les résultats obtenus sont liés à des expériences moins agréables, il est peut-être temps de faire un petit changement. Passer de 6 à 5 ? De 1 à 2 ?

Mes stratégies

« La stratégie, c'est l'art de faire face à son destin. »

PETER DRUCKER

Dans la vie de tous les jours, le mode stratégie se vit au pluriel, et le destin est tracé par chaque petit pas qui mène à la prochaine action. Les stratégies sont toutes les opérations mentales et les actions concrètes que l'on organise en séquences pour atteindre un but désiré.

Ces stratégies opèrent généralement de façon automatique et inconsciente. Elles sont présentes dans tout ce que l'on fait : se lever le matin, se préparer pour partir travailler, exposer un problème à des collègues, éviter une corvée ou résoudre un conflit. Il y a des catégories de stratégies : pour apprendre, pour mémoriser, pour décider, pour se motiver, pour créer ; la liste est illimitée.

Cependant, certaines stratégies sont efficaces alors que d'autres le sont beaucoup moins. Lorsqu'une stratégie est inefficace, il en résulte une perte de temps inutile, une obligation de recommencer et de s'ajuster. Parce que le résultat final n'est pas conforme à ce qui était escompté, il en résulte aussi une frustration : ne pas avoir réussi du premier coup.

Que la stratégie soit efficace ou inefficace, qu'est-ce qui fait la différence entre les deux ? Essayons un jeu.

À la recherche de la différence

Dans le jeu suivant, vous allez faire la comparaison entre deux stratégies passées pour découvrir ce qui a fait la différence.

A) SITUATION ✦ : Rappelez-vous d'une situation de réussite et notez-la.

...

B) SITUATION − : Rappelez-vous d'une situation où vous avez échoué et notez-la.

...

C) Répondez aux questions suivantes avec un maximum de précision.

✳ Quel objectif poursuiviez-vous ?

✦ ...

− ...

✳ Quels sont les signes qui vous ont indiqué que vous vous dirigiez vers votre objectif ? Les signes peuvent être des sensations physiques, des éléments autour de vous, votre dialogue intérieur, etc.

✦ ...

− ...

＊ Quelles sont les actions que vous avez entreprises, les gestes que vous avez posés?

+ ...

− ...

＊ Quelle a été votre réaction devant la difficulté?

+ ...

− ...

D) Pour chacune de vos réponses, comparez les réponses faites (+ ou −) et notez en quoi les stratégies utilisées ont été efficaces ou inefficaces.

...

E) Projetez-vous dans le futur et pensez à quelque chose que vous désirez accomplir; reprenez les questions précédentes en tenant compte des différences que vous avez notées et en appliquant la stratégie efficace.

. . .

Comme vous le voyez, les différences entre les stratégies efficaces et inefficaces sont parfois subtiles, mais ce sont ces subtilités qui font la différence. Alors, pourquoi ne pas appliquer les combinaisons gagnantes! Vous ne perdrez rien à essayer.

Les expériences

L'expérience c'est : « Tout ce qui est appréhendé par les sens et constitue la matière de la connaissance humaine, ensemble des phénomènes connus et connaissables. »

LE PETIT LAROUSSSE

Les expériences constituent tout ce qui enrichit nos connaissances et notre vie. Bonnes ou moins bonnes, elles nous donnent l'occasion d'apprendre, de nous questionner, de nous adapter et de réviser nos opinions.

C'est à travers nos expériences que nous créons notre propre image du monde et que nous bâtissons nos croyances et notre système de valeurs.

Cependant, nos expériences n'ont pas toutes, à nos yeux, la même importance. Il y a celles que nous recherchons et valorisons parce que, par exemple, elles sont lucratives, tandis que nous ignorerons celles qui ne le sont pas. L'argent, dans ce cas, est le critère.

Sans toujours en être conscients, nos critères et leur position relative entre eux, orientent subtilement nos choix. Si, par exemple, un autre de vos critères est d'être en bonne santé et qu'il est plus important que celui d'avoir de l'argent, vos choix ne seront pas les mêmes que si c'était l'inverse.

Mes critères

Il est intéressant de connaître ses critères parce que très souvent ils servent de filtre automatique. Les actualiser nous offre de les remettre en question et de comprendre pourquoi on a fait certains choix. Cela nous permet de voir leur utilité, et les limites qu'ils nous imposent parfois.

Je vous propose un moyen d'identifier vos critères et l'organisation hiérarchique qui les lie.

A) Quelles sont les raisons pour lesquelles vous vous joindriez à un groupe?

. . .

B) Quelles seraient les raisons qui vous feraient rompre la relation que vous avez avec un groupe que vous aviez choisi?

. . .

Les éléments de chaque réponse constituent vos critères en ce qui concerne le sujet abordé. Vous pouvez par exemple vous joindre à un groupe pour partager des activités ou parce qu'il est enjoué ou encore qu'il vous donne l'occasion de faire des choses différentes.

Vous pourriez le quitter parce qu'il est devenu routinier et par conséquent ennuyeux et donc, qu'il ne répond plus à vos critères originaux.

Mais le groupe pourrait être encore actif, enjoué, diversifié et vous pourriez le quitter parce qu'il ne vous permet pas d'assumer un certain leadership ou parce que les activités qu'il génère entrent en conflit avec des responsabilités familiales. Dans ce cas, un critère plus important vous fait mettre de côté vos critères initiaux. La hiérarchie entre vos critères vous oblige donc à reconsidérer la situation.

Faites le même exercice avec les questions suivantes.

C) Quelles sont les raisons pour lesquelles vous occupez l'emploi qui est le vôtre ?

. . .

D) Pour quelles raisons abandonneriez-vous votre emploi ?

. . .

Vous pouvez ainsi mettre à jour vos critères ainsi que l'importance relative que vous leur accordez en opposant des questions sur le sujet que vous souhaitez explorer.

Dites-vous que chacun d'entre nous a sa propre hiérarchie de critères et qu'il est très utile de s'en souvenir lorsque l'on négocie quelque chose, lorsqu'il y a un conflit ou lorsque l'on a besoin de s'adapter à une nouvelle situation.

Par exemple, il n'y a pas de négociation possible si la personne qui est en face de vous veut tout gagner et que vous ne voulez rien perdre. Il vous faudra aller chercher parmi vos autres critères, et peut-être aussi parmi les siens, si vous voulez arriver à un compromis satisfaisant.

L'enfer, c'est les autres

L'île déserte, c'est peut-être un beau rêve,
mais ô combien inaccessible ! En attendant
qu'il se réalise, il nous faut donc tendre
vers les autres.

C'est là que, parfois, cela se gâte. L'habitude de la liberté que donne la solitude se marie mal avec les contraintes inévitables de la vie en société.

Tout est plus lent quand on est plusieurs, car il faut du temps pour organiser, du temps pour obtenir un consensus, du temps pour convaincre, du temps pour attendre que tout le monde soit prêt... de quoi mettre la patience du solitaire à rude épreuve.

La vie sociale, c'est un peu comme le sport, il est plus judicieux de ne pas arrêter, car c'est beaucoup plus difficile d'y revenir après une longue interruption. Les efforts que ça demande sont parfois décourageants et ça prend du temps pour retrouver la forme et la souplesse initiales.

Il y a toujours un moment où nos idées vont s'opposer à celles d'un autre, une circonstance où le compromis sera nécessaire, une situation où les émotions vont nous faire perdre de vue l'essentiel.

Ce sont souvent les conflits, et l'énergie qu'il faut investir pour les régler, qui nous font regretter de ne pas être seul. Mais ils font partie de la vie courante et la fuite n'est pas le moyen à privilégier.

L'angle de prise de vue

Le conflit ne nous met pas dans une situation agréable et souvent le premier réflexe consiste à se braquer sur ses positions, se dire que l'autre n'a rien compris, qu'il est borné et que si l'on tient bon, il finira par voir la lumière — la nôtre évidemment.

Le jeu suivant vous propose une alternative à cette position fermée et peu productive qui ne fait que nous éloigner de nos semblables sans même nous satisfaire.

A) Songez à une situation actuelle dans laquelle vous vivez un conflit avec une autre personne.

B) Disposez deux chaises face à face et choisissez celle qui sera la vôtre, l'autre chaise étant celle de la personne avec laquelle vous êtes en conflit.

C) Asseyez-vous dans votre chaise et décrivez la situation en incluant ce que vous pensez, ce que vous ressentez et identifiez ce qui est le plus difficile à vivre.

. . .

D) Décrivez l'intention positive qui vous anime lorsque vous défendez votre position.

...

E) Asseyez-vous maintenant dans la chaise de l'autre personne et décrivez la situation à travers ses yeux. Que ressent l'autre personne ? Que pense-t-elle ? Que trouve-t-elle difficile ?

...

F) Quelle est son intention positive ?

...

G) Maintenant, levez-vous et installez-vous debout à distance des deux chaises qui se font face. Vous êtes maintenant un observateur et vous regardez les deux personnes assises face à face et qui sont en conflit. Décrivez la situation de ce point de vue.

...

Le changement de position vous permet de voir une même situation sous plusieurs angles. Vous pouvez ainsi envisager des solutions qui ne vous auraient pas effleuré l'esprit, vu de l'angle limité que vous donne votre seul point de vue.

H) Qu'avez-vous appris en changeant de position?

...

I) En quoi cela va-t-il changer votre approche du problème?

...

Lorsque nous sommes coincés dans nos opinions et nos certitudes, il est intéressant de nous dégager afin de regarder la situation différemment. Cela ne changera pas la situation, mais la perception que nous en avons en sera quelque peu transformée. Ce faisant, ce qui était sans issue s'ouvre vers des alternatives qui rendent les perspectives plus larges et les choix plus nombreux.

0

Le rangement

Il y a des jours où on voudrait faire du ménage dans sa tête, mais par où commencer ?

Lorsqu'on s'est laissé aller, soudainement on réalise que notre environnement ressemble à un champ de bataille. On était dans notre bulle et crac, la réalité nous saute aux yeux et on ne sait même pas par quoi commencer. Le lavage dégagerait le coin la de chambre où le linge est empilé, mais la vaisselle empilée dans l'évier est déprimante et on vacille juste à regarder l'état du plancher.

Faire du rangement devient alors un tour de force qui nous fait regretter de ne pas avoir fait les choses à mesure. On ne serait pas dans cette situation-là ! Alors, on se promet que c'est la dernière fois. Seulement, quinze jours plus tard, on est dans sa bulle et crac... c'est à recommencer. Mais le rangement des objets n'est pas si terrible ; le fouillis s'empile sur lui-même, mais ça ne fait qu'un peu plus d'objets à ranger lorsque l'on s'y met, non ?

Par contre, quand c'est la tête qui déborde, ça se manifeste en plus par toutes sortes d'inconforts aussi désagréables les uns que les autres ; et chacun s'ajoute aux autres nous amenant à dire : « J'en ai plein le dos ! » ou « J'en grince des dents jusque dans mon sommeil ! ». On ne doit tout de même pas demeurer dans cet état !

Méditez !

L'exercice qui suit est un exercice de méditation qui vise la détente, la relaxation et le relâchement des tensions. Pratiqué de façon quotidienne, il vous permet de retrouver facilement un état calme et de réduire le stress qui vous serre d'un peu trop près.

A) Choisissez dans la liste des mantras celui qui correspond à votre tranche d'âge. Mémorisez-le en le prononçant plusieurs fois à voix haute.

LISTE DES MANTRAS

De 10 à 12 ans >	ENG
De 12 à 14 ans >	EM
De 14 à 16 ans >	ENGA
De 16 à 18 ans >	EMA
De 18 à 20 ans >	EANG
De 20 à 22 ans >	AEM
De 22 à 24 ans >	AENGA
De 24 à 26 ans >	AEMA
De 26 à 30 ans >	SHIRING
De 30 à 35 ans >	SHIRIM
De 35 à 45 ans >	HIRIM
De 45 à 50 ans >	KIRING
De 50 à 55 ans >	KIRIM
De 55 à 60 ans >	SHYAM
À 60 et plus >	SHYAMA

B) Installez-vous en position assise pour éviter de vous endormir, car cela pourrait vous arriver.

C) Fermez les yeux et répétez mentalement votre mantra. Au début, il est normal que des pensées interfèrent avec le mantra, revenez simplement et sans effort au mantra.

D) Laissez la répétition du mantra faire le travail durant vingt minutes. Le rythme auquel vous le répétez mentalement n'a pas d'importance, il peut varier d'une fois à l'autre.

Cet exercice fait partie de nombreuses techniques de relaxation qui mènent toutes au même résultat : un retour au calme. C'est une technique simple, et l'essayer ne vous demandera pas plus de vingt minutes.

S'il vous arrive de souffrir d'insomnie, au lieu de ressasser toutes sortes d'idées, allongé dans votre lit, répétez mentalement votre mantra ; ça pourrait vous suffire pour retrouver le sommeil.

Si vous y consacrez un peu de temps chaque jour, vous constaterez qu'il est de plus en plus facile de centrer votre attention sur le mantra, et que la sensation d'apaisement arrive de plus en plus vite. Bonne méditation !

La liberté

« La liberté, c'est la faculté de choisir ses contraintes. »

Jean-Louis Barrault

Vivre seul, c'est prendre les décisions que l'on veut sans consulter, sans négocier, sans les «Oui, mais...», les «Ah non!», les «Pourquoi?». Vivre seul, c'est se lancer dans ce que l'on choisit sans avoir à convaincre, à faire des compromis ou pire, des concessions.

Vivre seul, c'est choisir les moments où on sera seul ou pas; c'est ne pas ouvrir sa porte pour avoir la paix, plutôt que d'avoir à la refermer.

Vivre seul nous donne le droit de vivre des moments de parfaite léthargie ou de grande fébrilité, sans les imposer à qui que ce soit, et surtout sans se retenir. On retrouve aussi le plaisir de dormir en travers du lit, de ronfler en toute quiétude et de ne pas avoir à attendre que la salle de bain soit libre.

Tout cela est vrai, mais comment se fait-il que parfois on ait l'impression de ne pas avoir le choix? Se pourrait-il que nous soyons nous-même les artisans de nos limitations face au nombre d'avenues qui s'offrent à nous?

Se pourrait-il que l'on se concentre sur un seul chemin, que l'on oublie de consulter la carte et que l'on ne voie pas les routes alternatives?

Choisir ses contraintes

L'exercice suivant est destiné à ceux qui se trouvent parfois devant des situations où ils ont le sentiment d'être coincés et de n'avoir pas le choix. Il est toujours désagréable d'avoir le sentiment d'être impuissant, plus désagréable encore d'avoir de soi une image de victime.

Il est vrai que parfois les choix ne sont pas d'une variété infinie, mais voir ce choix unique sous un autre aspect peut changer radicalement l'expérience ainsi que l'état d'esprit dans lequel on va la vivre. Par ailleurs, si d'autres avenues existent, autant les connaître avant de se faire violence au moyen de toutes les raisons que l'on peut invoquer.

A) Décrivez une situation qui vous préoccupe et pour laquelle vous pensez que vous n'avez pas le choix en ce qui a trait aux gestes que vous allez poser. « Je vais être obligé de... »

. . .

B) Dans cette situation, quel est l'objectif que vous poursuivez? « Je dois... pour... »

. . .

C) Quelle est la valeur qui est rattachée à cet objectif? « Je dois... pour... parce que... »

. . .

D) Regardez à nouveau votre objectif, ainsi que la ou les valeurs qui s'y rattachent. Laissez aller votre imagination et, tout en respectant les valeurs de départ, écrivez toutes les actions que vous pourriez entreprendre afin d'atteindre votre objectif. Ex.: Changer le moment d'exécution? Le faire en plusieurs fois? Le faire différemment tout en répondant aux critères de départ? Y a-t-il des compromis que vous pourriez faire? Faites la liste des choix qui s'offrent à vous.

. . .

Ne négligez aucune idée, même dans les pensées les plus farfelues il y a une étincelle de génie qui pourrait faire toute la différence.

Il se peut que l'exercice vous amène aux mêmes conclusions que celles que vous aviez au départ, mais vous aurez élargi votre vision de la situation ; de là, ce qui vous apparaissait comme un couloir étroit aura davantage l'aspect d'une avenue. Vous aurez changé votre façon de percevoir la situation. Votre position sera donc différente et vous vous y sentirez probablement plus à l'aise.

Qu'est-ce qu'on attend ?

La vie et le bonheur ne nous attendent pas ; alors, qu'attendons-nous pour vivre et être heureux ?

Si on dit que l'on fait quelque chose ou que l'on se contente de certaines choses «en attendant», c'est comme écouter un adolescent dire que lorsqu'il vivra en appartement il sera autonome : c'est penser les choses à l'envers. L'adolescent devrait dire «Lorsque je serai autonome, je vivrai en appartement» et on devrait dire «Je vais être pleinement heureux, en attendant que quelque chose d'encore meilleur ne m'arrive.»

Pendant qu'on attend, on regarde l'eau couler sous les ponts, on n'avance pas et on fait taire cette petite voix qui de temps à autre nous dit que marcher, peut-être même lentement, c'est mieux que de faire du sur place.

Parfois, on attend les conditions parfaites du style «Je partirai en vacances quand j'aurai un compagnon ou une compagne de voyage pour partager cette expérience». Et on passe à côté du plaisir et de la détente que procurent le dépaysement géographique et la rencontre de nouvelles personnes ; ce qui nous changerait de notre cercle habituel tout en élargissant notre vision du monde.

Et combien de fois arrive-t-il que l'on se dise : «Je fais ceci en attendant» ? Peut-être que «en attendant» a assez duré, non ?

Les petits bonheurs

Si l'on attend le grand bonheur tel qu'on se l'imagine, on va passer à côté de tous les petits moments magiques qui mettent du soleil dans une journée. L'important est de savoir reconnaître ces instants de plaisir et de les savourer, de les rechercher, de les fabriquer...

Dans ce jeu, vous irez à la recherche de vos moments de bonheur et anticiperez les suivants.

$A)$ Faites ici une description de vous-même lorsque vous êtes heureux. Décrivez votre posture, votre voix, votre respiration, ce que vous ressentez, la température de votre peau.

. . .

$B)$ Imaginez un moment de bonheur et retrouvez l'état que vous avez décrit.

C) Sortez de cet état de bonheur et revenez-y plusieurs fois, jusqu'à ce qu'il soit facile de retrouver les sensations qui y sont rattachées.

D) Tracez sur le sol une ligne imaginaire qui représente votre ligne de vie — le début étant votre naissance — et placez-vous sur le point qui représente l'instant présent.

E) Tranquillement, remontez le temps sur votre ligne de vie jusqu'à ce que vous arriviez à un endroit où vous ressentiez cet état de bonheur. Souvenez-vous de l'âge que vous aviez et de la source de ce bonheur d'alors.

F) Remontez encore sur votre ligne de vie et identifiez environ cinq de ces moments ; et de la même façon qu'au point précédent, rappelez-vous...

G) Toujours sur votre ligne de vie, faites le chemin inverse en repassant par les moments heureux, arrêtez-vous un instant sur le point qui représente le présent, puis faites un pas vers le futur.

H) Anticipez les moments où vous allez ressentir cet état de bonheur dans le futur.

I) Décrivez maintenant les petits bonheurs que vous allez y trouver.

. . .

99

Anticiper les petits bonheurs permet de ne pas les rater lorsqu'ils se présentent; ça nous évite aussi de les tenir pour acquis. La vie serait tellement moins savoureuse s'ils n'étaient pas parsemés çà et là sur notre route.

Le déplaisir ? Très peu, merci !

*« La vie doit être plaisante d'abord. », me
disait Alain, l'autre soir.*

Il ne l'a pas dit pour nier que des situations déplaisantes
arrivent, ni qu'il y a des jours moins heureux que d'autres.

Ce qu'il voulait dire c'est que le déplaisir n'est qu'une partie
de ce que l'on perçoit, un moment noyé dans tout le reste, une
brindille morte dans un univers de vie. Même si l'on veut se
faire croire que le déplaisir est partout, il y a quand même
quelque part, une fleur, un sourire, une main, un coin de ciel
bleu.

Si l'on fixe son attention sur le coin de ciel bleu, il risque fort
de remplir tout l'horizon, ce qui est une heureuse alternative à
la grisaille du déplaisir.

C'est un peu la même chose lorsque l'on se concentre de façon
masochiste sur nos petits échecs pour en faire des océans,
tandis qu'on oublie qu'au milieu de cet océan, il y a des îlots
de réussite qui sont de pures merveilles.

Les voir, les apprécier, s'en féliciter, c'est aussi une alternative
au déplaisir. Je ne parle pas de bomber le torse avec un petit
air supérieur en allant se pavaner devant la galerie ; je parle
plutôt de reconnaissance face à soi-même, au cœur de son
intimité. Le faites-vous ?

Se faire plaisir

Comme il est parfois ardu de reconnaître ses propres qualités! Pourtant, elles se manifestent dans nos moindres actions. On est parfois avec soi-même comme le partenaire d'un couple noyé dans l'habitude, qui ne voit même plus les belles choses que l'autre accomplit.

Il est donc temps de remédier à cette situation. Le jeu qui suit vous demandera de faire un retour dans l'univers des souvenirs récents, et de vous engager pour l'avenir.

A) Durant le dernier mois, vous avez sans doute mené à bien certaines choses; on ne parle pas de projets grandioses, mais des petites réussites qui justifient que vous ayez été fier de vous: content d'avoir terminé, content d'en avoir été capable, et content de l'avoir bien fait. Établissez une liste de dix de vos bons coups.

. . .

B) Pour chacune de ces réussites, décrivez les qualités auxquelles vous avez fait appel.

...

C) Retrouvez les sensations olfactives, le rythme cardiaque, la respiration qui étaient les vôtres lors de ces réussites et prenez-en note. Il est important que vous vous en rappeliez.

...

D) Lorsque vous avez terminé de noter vos observations, remettez-vous dans cet état de satisfaction qui a suivi la réussite afin de le reconnaître facilement à l'avenir, et notez les sensations que vous n'aviez pas perçues la première fois, si tel est le cas.

...

E) Lorsqu'à l'avenir, vous ressentirez ce sentiment de réussite, prenez un moment pour vous récompenser. La récompense sera ce que vous voudrez, un tour d'applaudissement pour vous-même, un cadeau, une sortie, quelque chose de futile, juste pour le plaisir, l'essentiel étant que vous vous récompensiez !

Même les petites réussites font appel à des qualités, et il est important de les reconnaître. Par exemple, être à l'heure, quand on a une longue habitude du retard, nécessite de la volonté, de la discipline. Finir une tâche au moment fixé demande de la persévérance et de la fidélité aux engagements pris — même avec soi-même.

Soulignez donc tous ces petits moments où vous êtes satisfait de vous-même ; c'est ça un beau coin de ciel bleu.

Les tensions

Les tensions sont très insidieuses ; c'est souvent lorsqu'on est à deux doigts de l'explosion qu'on réalise qu'elles nous ont envahi.

Vous arrive-t-il, au moment d'ouvrir la bouche, de vous rendre compte que vos mâchoires étaient aussi tendues que celles d'un pit-bull sur un os ? Ou bien, de réaliser que votre tête est prête à s'enfoncer dans vos omoplates tellement la tension dans les épaules est douloureuse ?

Je suis sûre que si ces exemples ne font pas partie de vos expériences, il vous en vient d'autres en tête. La plupart du temps, nous sommes tellement absorbés par ce que nous faisons que nous ne nous rendons pas compte des tensions qui nous envahissent.

Alors, notre corps nous envoie des signaux ; un mal de tête, des muscles noués, une sensation désagréable quelque part, une respiration moins profonde, un changement de débit verbal, un manque d'attention.

Quels que soient les stratagèmes que notre subconscient utilise pour nous passer le message, nous avons l'avantage que ce soit le nôtre et que ses messages se ressemblent. Mais avant d'en arriver au point où on ne peut plus ignorer les tensions, des signes avant-coureurs s'offrent à nous.

Je veux voir ma tension

Vous pourrez, à l'aide du jeu suivant, identifier les signes que votre subconscient vous envoie pour vous signaler que vous êtes tendu et ensuite expérimenter une façon amusante de vous en débarrasser.

A) Pensez à une situation récente où vous étiez tendu, mais seulement le temps qu'il faut pour répondre aux questions. Inutile de vous éterniser dans une situation inconfortable.

∗ Décrivez votre posture lorsque vous êtes tendu.

. . .

∗ Décrivez votre respiration.

. . .

∗ Décrivez ce que vous ressentez.

. . .

∗ Dans quelle partie de votre corps se manifeste la tension ?

. . .

∗ Votre température corporelle change-t-elle et comment ?

. . .

B) Fermez les yeux quelques instants et laissez l'image de votre tension se former dans votre esprit. Soyez patient, c'est comme avec un ordinateur, cela peut prendre quelques minutes.

C) Décrivez l'image de votre tension.

. . .

D) Fermez les yeux à nouveau et retrouvez l'image. Ensuite, changez-la dans le but de la rendre plus agréable, d'en changer la couleur, la forme, la transparence, la luminosité. Mettez-y du son, du mouvement, mettez-la dans un cadre dont vous choisissez la forme et la couleur; puis éloignez-la, rapprochez-la. Si vous faisiez partie de l'image, sortez-en. Faites des essais jusqu'à ce que vous obteniez une image qui vous plaît.

E) Décrivez votre nouvelle image.

. . .

F) Dessinez ici le symbole qui représente le mieux votre nouvelle image.

La prochaine fois que vous sentirez que la tension monte et que vous retrouverez les effets que vous décriviez en A, fermez les yeux quelques instants et revoyez mentalement le symbole que vous avez dessiné. Votre état va changer pour le mieux.

Je veux gagner

La vie, c'est comme jouer au golf, ça devient vraiment intéressant lorsqu'on est en compétition avec soi-même.

Les grandes et les petites victoires que l'on a sur soi-même sont sources de sentiments très agréables et très personnels. Ce sont des victoires discrètes, elles n'ont pas besoin de la reconnaissance des autres.

Faire mieux que la dernière fois : nos victoires, même les plus petites, nous montrent que l'on s'améliore ; être content de soi, ça fonctionne à tout coup. Nous pouvons ainsi gagner du terrain dans n'importe quel domaine.

J'existe, je n'ai pas besoin de me comparer aux autres, me disait Alain. Pour lui, exister, c'est habiter complètement son corps et sa tête, et y être bien. C'est là que, pour lui, se comparer à soi-même prend toute sa signification.

Pour gagner, il est intéressant de fonctionner avec soi-même comme si on était un professeur juste, mais exigeant ; et ne pas se contenter de la médiocrité si on est capable d'un peu mieux. Il n'est pas suffisant de faire bien si on est capable de faire très bien ; peu importe si les autres sont satisfaits avec bien au lieu de très bien et nous en félicitent.

Pour gagner, il suffit d'aller chercher en soi les ressources qui y sont et qu'il nous arrive, hélas !, d'ignorer.

Les ressources à la rescousse

En chacun de nous se cache une foule de ressources que nous avons la mauvaise habitude d'utiliser uniquement lors de certaines occasions. Comme une tenue de soirée. C'est comme posséder 25 paires de chaussures, mais persister à marcher pieds nus, avec tous les risques que cela comporte.

A) Alors, allons-y, faisons l'inventaire. Y a-t-il un secteur d'activité, une façon de faire particulière, une façon d'être avec lesquels vous réussissez fort bien et pour lesquels vous êtes satisfait de vous-même ? La réponse s'écrirait ainsi : « Je suis bon dans... », « Je suis habile à... ».

. . .

B) Et maintenant debout ! Visualisez devant vous un cercle assez grand pour que vous puissiez y tenir. Vous pouvez le colorer, lui mettre de la lumière, l'essentiel étant qu'il vous plaise et paraisse invitant ; ce sera votre cercle d'excellence.

C) Relisez la phrase que vous avez écrite plus haut et retrouvez l'état qui vous habite lorsque vous vous sentez compétent. Que ressentez-vous, que voyez-vous, qu'entendez-vous?

✴ Lorsque vous sentez que vous êtes en pleine possession de vos moyens, placez-vous dans votre cercle d'excellence.

✴ Centrez-vous sur vous-même et faites mentalement l'inventaire des ressources, des connaissances, des attitudes qui sont les vôtres lorsque vous vous sentez compétent. Prenez le temps de bien entrer en contact avec elles.

✴ Rehaussez les images qui vous viennent à l'esprit en y mettant de la couleur, des sons, de la lumière, des odeurs, des goûts et tout ce que vous pourrez imaginer pour les rendre plus attrayantes.

✴ Lorsque vous êtes satisfait, faites un pas et sortez de votre cercle.

✴ Entrez à nouveau dans votre cercle d'excellence pour retrouver l'état qui vous habite lorsque vous vous sentez habile et compétent.

D) Répétez les étapes précédentes jusqu'à ce que cela devienne facile d'accéder rapidement à l'état « d'excellence ».

E) En regardant vers l'avenir, identifiez des situations pour lesquelles vous aimeriez avoir accès à cet état d'excellence, et imaginez que vous l'emportez avec vous partout dans la vie de tous les jours.

F) Dans la colonne de gauche ci-dessous, écrivez l'inventaire que vous avez fait de vos ressources, de vos aptitudes et des comportements qui vous mènent vers l'excellence.

∗ Dans la colonne de droite, décrivez l'image qui correspond à chaque ressource.

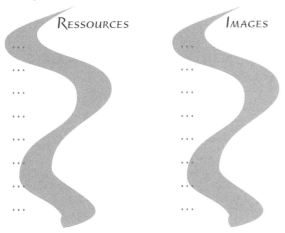

RESSOURCES

IMAGES

Votre cercle d'excellence vous appartient, et vous pouvez y avoir recours simplement pour le plaisir de vous sentir en pleine possession de vos moyens. Vous pouvez l'utiliser pour aborder un problème, ou lorsque vous anticipez une situation difficile, et même chaque fois que vous avez envie de vous sentir gagnant.

Il est très réconfortant de savoir qu'au fond de soi on a ce trésor, parfaitement disponible, qui n'appartient qu'à nous et que, quoi qu'il arrive, nous ne le perdrons jamais.

Le meilleur ami

*« On ne pardonne pas ses erreurs à un ami,
on ne les excuse pas, on les comprend. »*

PHILIPPE SOUPAULT

Pas facile d'appliquer cette phrase dans la vie, et pourtant, n'est-ce pas ce que l'on attend d'un ami ? En effet, à quoi bon raconter ce que l'on a sur le cœur à quelqu'un qui n'est pas capable de nous donner un point de vue différent ?

À quoi bon tester nos valeurs si personne ne les confronte ?

Mais c'est dans le mot comprendre que réside toute la difficulté. Comprendre ne veut pas dire juger parce que si l'on juge, on va pardonner ou ne pas pardonner. Comprendre ne veut pas dire accepter parce que si l'on accepte, on excuse.

Comprendre, c'est l'espace qui réside en dehors des sentiments, des émotions et des opinions. Comprendre, c'est un espace neutre à l'intérieur duquel peut naître l'empathie.

L'empathie, pour celui qui en bénéficie, c'est léger comme une plume et ça ne demande rien en échange ; c'est comme l'arrivée en eaux calmes après avoir affronté une tempête.

Une partie de nous aurait besoin d'être imprégnée d'empathie afin d'accueillir cette autre partie qui lutte, qui se trompe, qui se cherche et qui se dévalorise lorsqu'elle ne réussit pas.

L'ami sur mesure

On aurait avantage à être notre propre meilleur ami, car personne d'autre ne peut assumer ce rôle mieux que soi-même. Vous seul connaissez vos besoins au moment où ils apparaissent, et vous seul savez exactement ce que vous voulez dire lorsque vous exprimez quelque chose. Il n'y a pas d'interprétation ni de filtre, sinon les vôtres.

Le jeu suivant a pour but de vous révéler cet ami sur mesure qui est en vous.

A) Décrivez une personne imaginaire qui serait votre meilleur ami. Prenez le temps d'y penser, puis notez vos observations : « Si j'avais un meilleur ami, il serait... il dirait... il ferait... »

. . .

B) Relisez le texte que vous avez écrit et nommez toutes les qualités que cette personne devrait avoir pour remplir ce rôle.

. . .

C) Installez-vous confortablement, fermez les yeux et en pensant à toutes les qualités que vous avez décrites, laissez une image se former dans votre esprit.

⁕ Décrivez cette image.

. . .

D) Fermez les yeux à nouveau et embellissez cette image en y rajoutant de la couleur, du mouvement, du son, de la transparence, enlevez le cadre s'il y en avait un; effectuez tous les changements que vous voulez afin que cette image devienne pleinement satisfaisante.

⁕ Lorsque vous êtes certain d'avoir atteint la bonne image, dessinez un symbole ou un pictogramme qui, à vos yeux, est le plus représentatif de cette image.

E) Imaginez une situation où vous aurez besoin d'un ami dans l'avenir. Lorsque vous serez pleinement dans cette situation, regardez votre dessin et allez vers cet ami sur mesure et toutes les qualités qui en font partie.

Être soi-même son meilleur ami n'exclut pas la présence d'amis en chair et en os ; mais dites-vous bien que lorsque votre ami intérieur aura pris en charge ce qui est le plus complexe et ce qui s'explique mal avec des mots, vos amis seront parfaits pour se charger du reste.

Fernand

Il aimait les gens et leur offrait ce qu'il
y a de plus beau : la simplicité, la sincérité,
et le courage de dire les choses comme il
les pensait, sans juger personne.

Il aimait la vie et jouait avec elle. Il expédiait les affaires courantes puis, comme un enfant qui, en revenant de l'école jette son sac d'école dans l'entrée et va jouer dehors, il partait jouer, au tennis, aux cartes, au golf, il allait faire du patin à roues alignées et que sais-je encore.

Il me parlait de celle qui l'avait quitté si tôt. Il l'appelait «La Femme» comme s'il n'y en avait eu qu'une seule sur Terre. À quoi bon dire son prénom ! Il me parlait de cette année terrible, celle de la perte, du deuil, et du virage qu'il avait fait.

Lorsqu'il est mort, le salon funéraire qui nous semblait immense, est devenu exigu lorsque tous ses amis sont venus lui rendre une dernière visite. Il y avait sa «gang de bowling», ses copains de golf qu'il appelait les «boys», et ses amis du centre de loisirs qu'il fréquentait assidûment. Lorsqu'ils se sont mis à égrener leurs souvenirs et la joie de vivre qui y était rattachée, la dépouille de Fernand n'existait plus, occultée par la présence du rassembleur qu'il avait été.

Il était une fois...

Vous souvenez-vous des jeux de votre enfance, ceux qui vous faisaient oublier l'heure et vous faisaient dire «Pas déjà!» lorsque l'on vous rappelait qu'il était temps de rentrer pour souper? Qu'est devenu l'enfant joueur que vous étiez? Est-il caché si loin que vous ne le voyez plus?

A) Il est temps de partir à sa recherche. Alors, donnez-lui de l'espace et prêtez-lui vos mains et votre plume pour qu'il vous fasse redécouvrir ses petits trésors.

∗ Il était une fois : qui est l'enfant, où habite-t-il?

. . .

∗ Il rêvait de...

. . .

∗ Il aimait particulièrement jouer à...

. . .

∗ Lorsqu'il jouait, il se sentait...

. . .

✳ Il avait ses amis...

. . .

✳ Il a fait quelques mauvais coups...

. . .

✳ Sa saison favorite était... parce que...

. . .

✳ Il a vécu une journée spéciale lorsque...

. . .

Regardez cet enfant et accueillez son histoire. Acceptez qu'il soit votre guide dans un monde d'adultes où on oublie parfois l'essentiel : les petits bonheurs simples et les étincelles de joie quotidiennes. Pour cet enfant, demain est rempli de merveilles à découvrir, de jeux à réinventer et de mondes à bâtir.

Ne le laissez pas tomber dans l'oubli, vous avez besoin de lui.

En conclusion

Pour vivre seul et heureux, il y a un tout univers à explorer pour se redécouvrir. Cette quête ne demande pas d'effort, car tout y est déjà ; il suffit de regarder dans la bonne direction, c'est-à-dire à l'intérieur de soi.

Il n'est cependant pas nécessaire de vivre seul pour partir à la recherche de soi-même, sauf que pour les gens qui vivent seuls et veulent aussi être heureux, cette quête est indispensable. Ils ne peuvent s'épanouir s'ils sont sous l'emprise de leur dépendance aux autres.

Vivre seul ne fait pas partie des choses que l'on apprend, comme parler ou marcher, et c'est dommage. Car je crois que vivre de façon autonome et en harmonie avec soi-même est une condition de base pour vivre en accord avec les autres.

Pour les gens seuls et heureux de l'être, la solitude est un état naturel, c'est l'espace dont ils ont besoin pour exister, et accéder aux dimensions de la créativité, de la confiance, de la soif de connaître, mais aussi pour explorer leur liberté.

Vivre seul et heureux, c'est une grande aventure si l'on a l'audace de regarder l'horizon, au loin, en se disant que tout ce que l'on voit est à portée de main.

Remerciements

Merci à tous ceux qui ont accepté de répondre à mes questions et m'ont permis d'entrer dans leur univers. Merci pour toutes les petites choses que je leur ai empruntées et qui font toute la différence entre l'idée et le vécu.

Philippe Athlan
Stephane Gérin-Lajoie
Claude La Roche
André Lanciault
Giovana Nicolo
Alain Perez
Noëlla Picard
Michel Potier
Isabelle Quentin

Et, à titre posthume :
Fernand Lanciault

La collection *Comment*

La collection Comment aborde les grandes questionsde la vie de chacun, dans la connivence et le jeu. Elle est rassembleuse des meilleures stratégies, peu importe l'école dont elles émanent.

Si vous souhaitez partager une expérience, recevoir de l'information sur les nouvelles parutions ou nous suggérer un autre thème à explorer, n'hésitez pas à nous en faire part à :

commentaires@vivreseul.com

Dans la même collection :

Parents et encore amoureux, Sylvette Grenier
Piloter sa vie, Raymonde Forget
Rester amoureux, Isabelle Quentin
Se jouer du burn-out, Isabelle Quentin

L'auteure

Sylvette Grenier est une femme passionnée qui a vécu seule et en couple. Son parcours de vie témoigne d'une vérité toute simple : le bonheur est en soi.

Éducatrice, clinicienne, formatrice, ombudswoman, yogi, cette adepte du bonheur est reconnue pour sa joie de vivre, son optimisme débordant et son aptitude naturelle à la réussite.

Dans ce second livre, l'auteure vous accompagne dans une exploration vers la connaissance plus intime de soi, à travers des exercices d'observation amusants et des jeux révélateurs.

Ça me donne des idées

Cet ouvrage, composé en QuaySansITC
et en Ruzicka Freehand LT, et réalisé par Manon Léveillé
a été achevé d'imprimer le 16 septembre 2008
sur les presses de Imprimerie Gauvin,
à Gatineau, Québec,
pour le compte de Sgräff.